KB269305

대망형 인간

대망형 인간

최용운 지음

문이당

책머리에

역사는 좋든 싫든 원하든 원하지 않든 야릇한 힘을 가지고 오늘날의 우리를 매질한다. 오늘 불행한 자에게는 그 불행을 이겨 내어 행복의 문으로 들어선 자들의 발자국을 더듬게 함으로써 힘을 주고, 권력이나 돈에 안주하는 자에게는 손바닥만 한 권세나 돈의 힘을 믿고 안주하다가 쓸쓸하게 생을 마감한 자들의 어리석음을 보여 줌으로써 삶을 돌아볼 기회를 주는 것이다.

일본의 전국 시대(戰國時代)는 내일을 알 수 없는 난세였고 이에야스나 노부나가, 히데요시는 뛰어난 용기와 지혜로 난세를 평화의 시대로 바꾼 인물들이다. 오늘의 삶을 전쟁으로 표현하는 이들이 있다. 그들의 말을 빌리지 않더라도 사실 우리가 사는 이 세상은 전쟁터와 다름없다. 총칼에 맞고 베여 피만 뿜지 않을 뿐 경쟁에 지면 그늘에서 죽어 가는 것은 전국 시대 인물들의 삶과 유사하다고 해도 억지가 아닐 것이다.

그리하여 사람 사는 방식은 동서고금을 막론하고 비슷하다는 전제 아래 4백 년이나 지난 지금 이에야스와 노부나가, 히데요시가 살아온 방식을 햇볕 아래 끄집어내 보았다. 물론 일본에는 그들을 소재로 한 소설이나 전기, 처세서(處世書)가 꽤 된다. 그 결과 일본의 경제 사정이 좋지 않으면 이들이 등장하는 책이 사랑받는다고 한다. 그것은 아마도 난세를 헤쳐 온 그들의 지혜를 빌리려는 데서 비롯되는 것 같다.

국내의 최고 경영자들 중에는 도쿠가와 이에야스를 경영의 아버지 섬기듯 하는 이들이 많다고 한다. 재벌뿐만 아니라 국내의 난다 긴다 하는 학자들도 입으로는 일본을 욕하면서 그 자신은 일본 서적을 통독하고 있다는 것을 알 만한 사람이면 아는 사실이다.

처세란 말 그대로 세상을 헤쳐 나가는 방법이다. 시대가 다르고 그 환경이 달라도 인간의 사는 방식은 질과 모양만 다를 뿐 근본은 같다. 하여 우리에게 없는 기술을 빌려 오듯, 일본의 봉건 제도와 전국 시대 무장들의 치열한 삶을 잠시 빌려 와 예측이 불가능한 미래에 대처할 수 있는 방법을 나름으로 연구해 보려는 것이다. 그것이 이 책을 집필한 이유이다.

2006년 12월

최　용　운

차 례 / 대망형 인간

제2장 세상의 인심과 맞서지 마라

제1장

승부를 건 모험은 한 번으로 족하다

노부나가는 누구인가

일본인들은 오다 노부나가가 죽은 지 4백여 년이 지난 지금도 그를 존경하고 사랑하며 우러른다. 그는 한마디로 국민적 영웅이다. 물론 도요토미 히데요시, 도쿠가와 이에야스, 사카모토 료마도 국민적 영웅이지만 노부나가는 그들보다 훨씬 고급한 영웅이다. 즉, 영웅 중의 영웅이라고 할 수 있다.

언젠가 일본의 한 잡지 회사에서 일본 전국 시대(戰國時代) 인물들에 대한 인기 투표를 실시한 것을 본 적이 있다. 1위는 오다 노부나가, 2위는 도요토미 히데요시, 3위는 우에스기 겐신이었다.

그러나 몇 년 뒤 경영 잡지에서 투표를 했을 때는 조금 달랐다. 1위는 오다 노부나가로 그대로였으나 2위는 도쿠가와 이에야스, 3위는 사카모토 료마였고 히데요시는 4위로 밀려나 있었다. 사카모토 료마는 메이지 유신의 단초를 제공한 사람이니 노부나가 등의 사람들과 동시대인이 아니다.

조사한 시점이 오래전이어서 그 순위가 바뀔 수도 있겠다 싶어 한 일본인 친구에게 넌지시 물어보니 여전할 것이라는 대답이었다. 일본인들에게 노부나가의 인기는 식을 줄 모른다는 것이었다. 노부나가의 매력은 연예인이나 재벌과도 그 궤를 달리한다고 한다. 그 매력은 무사(武士) 계급이 우직하고 단순하며 정치 감각은 없으나 신념이 옳다고 생각하면 목숨을 초개와 같이 버리는 데서 나온다고 한다.

복잡한 세상을 살아가는 현대인들에게 자신의 신념을 위해서라면 죽음도 불사하는 삶이 눈부시도록 아름답게 보인 것이리라.

오다 노부나가는 1534년 오와리에서 태어나 1582년 일본을 절반 이상 통일한 후 49세의 나이로 부하의 반란에 의해 혼노지(本能寺)에서 죽었다. 그는 자신의 목을 반란군들에게 넘겨주지 않기 위해 마지막까지 활을 쏘며 싸우다가 혼노지에 스스로 불을 질러 타 죽었다.

반란군이 이틀 동안 불탄 자리를 뒤졌지만 노부나가의 시체는 찾지 못했다. 이어 히데요시가 반란군을 번개처럼 몰아붙여 짓밟아 물리치고 노부나가의 시체를 찾기 위해 애썼지만 역시 뼛조각 하나 찾지 못했다. 일본의 영웅은 그렇게 아끼던 다기(茶器) 몇 점과 애용하던 검을 남기고 흔적 없이 사라졌다.

노부나가의 18번 노래는 아츠모리(敦盛: 무사가 인생의 무상을 깨닫고 불문에 들어간다는 설화를 춤을 추면서 부르는 가락)였다.

인생 겨우 오십 년

하천(下天)에 비한다면

꿈과 같나니

한 번 생을 받아

멸하지 않는 자 뉘 있으리.

　노부나가는 이 노래처럼 50년의 인생을 살다가 갔다. 그 자신이 언제 죽을지 알았을 리 없겠지만 후대의 사람들은 마치 그가 모든 것을 알고 있었다는 착각에 빠지기도 했다.

　하얀 부채를 활짝 펼쳐 들고 발을 앞으로 내디디며 아츠모리를 부르는, 갈기갈기 찢어진 일본 천하를 강력한 카리스마로 통일시키던 이 잘생긴 천재를 일본인들은 사랑하다 못해 숭앙하는 것이다.

　일본 전국 시대는 1467년 오닌(應仁)의 난에서 시작되어 120년 가까이 지속되었다. 그렇게 오랫동안 서로 죽고 죽이는 시간을 보냈다니 정말 소름이 끼칠 정도이다. 세계 역사에서 나라 전체가 그토록 오래 전란의 소용돌이에 휩쓸린 예는 거의 없다. 그것은 일본인이 타국의 소문대로 칼싸움을 즐겼기 때문이 아니라 오직 자신이 살기 위해 남을 죽인 결과였다.

　전국 시대의 다이묘(大名 : 대영주)들은 사무라이를 가신으로 거느리고 농민을 통치했다. 다이묘들은 중앙의 쇼군이나 천황으로부터 약간의 제재를 받은 것을 제외하고는 대체로 자유로웠다. 대신 자유로운 만큼 중앙의 누구도 다이묘의 영지를 지켜 주지 않았다. 그들은 오로지 자신의 힘으로 영토를 지키고 확장해야 했다. 그런 까닭에 자연히 능력이 없는 다이묘는 몰락하고 그 땅은 힘 있는 다이묘에게 편입되었던 것이다.

노부나가를 가리켜 일본의 일부 학자들과 역사가들은 '일본 역사상 최고의 천재', 혹은 '일본 역사에서만 볼 수 있는 혁명아'라고 명명하고 있다. 그처럼 그의 천재성은 그 시대 사람들에게서 발견하기 어려운 거의 근대의 합리주의적 발상을 띠고 있다는 것이다.

노부나가는 다른 다이묘들과 달리 농업보다는 상업에 힘을 실어 주어 군자금을 조달했다. 또 시대의 중심지인 교토를 재빨리 장악하여 각 영지의 자유 무역 도시라고 할 수 있는 사카이를 손에 넣은 것도 다른 다이묘들은 생각지 못한 일이었다.

뿐만 아니라 노부나가는 경제력을 바탕으로 어떤 다이묘도 꿈꾸지 못한, 오로지 전쟁만 치르는 용병 군단을 만들었다. 그는 땅이 가진 마력을 너무도 잘 알았다. 그래서 그는 공을 세운 가신들에게도 함부로 영지를 나누어 주지 않고 영지만큼의 돈을 지불했다. 그것은 그 시대의 발상법이 아니었다.

그 시대의 군사는 태반이 농가에서 차출한 농민군이었다. 그래서 농사철에는 전투 참가가 불가능했다. 노부나가는 그런 약점을 극복하기 위해 언제고 전장에 뛰어들 수 있는 용병 군단을 창단했던 것이다. 이 최초의 용병 군단은 2백여 명으로 청소년 시절 그가 자랑하던 소년병들이었다. 이 용병 군단은 그가 다이묘가 된 이후 점차 불어나고 강력해져 갔다.

1543년 다네카시마 섬에 포르투갈 배 한 척이 도착했다. 포르투갈 인들은 총을 가지고 있었다. 일본이 처음으로 총을 접하는 순간이었다. 사카이 상인들은 총의 위력을 빠르게 간파하고는 미래의 힘은 이 총에서 나온다고 믿었다. 그리고 실패를 거듭하며 총을 제작했다.

어떤 다이묘도 총에 관심을 보이지 않았지만 노부나가는 달랐다. 그는 총을 보는 순간 직감이 뇌리를 때리는 것을 느꼈다.

'이거다! 이것으로 천하는 통일되고 백성들은 평화를 찾을 수 있을 것이다.'

노부나가는 사카이를 제압함으로써 다른 영주들보다 총과 화약을 많이 갖출 수 있었다. 그리하여 결국 이마가와 요시모토도, 다케다 기병대도 물리칠 수 있었던 것이다. 한 가지 더 재미있는 것은 노부나가는 다른 다이묘들이 배척하는 서양 선교사를 불러 강의를 듣고 지구가 둥글다는 것을 별 저항 없이 받아들였다고 한다.

이처럼 노부나가는 기존의 권위와 기득권을 부정하고 파괴하는 데 앞장섰다. 그는 반란을 일으켰지만 천황도 건드리기를 꺼리는 8백 년 전통의 히에잔 승려 5만여 명을 학살하고 절이 있는 산을 완전히 불 살라 버려 사람들을 경악하게 만들었다.

아마도 그가 아케치 미쓰히데의 반란으로 죽지만 않았다면 영주 제도를 없애고 중앙 집권제를 정착시켰을 것이다. 천황과 쇼군도 손보고 어쩌면 통령제를 하자고 했을지도 모른다고 주장하는, 노부나가에게 완전히 매료된 학자들도 있다. 그들은 노부나가가 그렇게 죽지만 않았다면 일본은 지금보다 몇 배나 더 잘살게 되었을 거라고 말한다.

어찌 됐건 일본 전국 시대의 역사는 오다 노부나가, 도요토미 히데요시, 도쿠가와 이에야스로 인해 풍성해졌다. 이들 세 사람은 천재적인 능력을 발휘하여 60여 국으로 갈라진 일본 국토를 통일하였던 것이다.

일개 다이묘였던 이들이 완수한 통일 과업은 다른 다이묘에 대한 군사적 패권의 형태를 취한 것이었다. 이 패권은 도쿠가와 시대에 확고부동하게 되었지만 그 단초는 노부나가가 제공했던 것이다.

노부나가는 평생 동안 싸워 일본의 절반 이상을 통일했다. 그 노부나가도 교토 입성을 꿈꾸고 있을 무렵에는 평범한 오와리의 영주에 불과했다. 전국 각지에는 그 세력과 기량 면에서 노부나가보다 월등한 다이묘들이 교토 입성을 호시탐탐 노리고 있었다.

그런데도 노부나가가 위세를 떨치게 된 배경에는 근거지인 오와리와 미노 지방이 비옥한 평야 지대여서 경제적으로 풍족했다는 점을 들 수 있다. 총을 구입하여 강력한 다케다 신겐 가문을 멸망시킨 것도 경제력이 뒷받침되지 않았으면 어림도 없었을 것이다. 거기다가 교토와 거리도 가까웠다. 그리하여 입성하는 데 다른 다이묘들보다 유리했던 것이다.

노부나가가 37세 때 만난 선교사 루이스 프로이스는 그의 자서전에서 이렇게 말한다.

그는 명예욕이 강하고 과감한 행동을 하는 영주였다. 싸움도 잘했지만 행동하는 데 거리낌이 없었다. 종교와 그 밖의 민간 우상도 모두 경멸했다. 그러므로 현실이 있을 뿐 죽음 후의 세상 따위에는 관심이 없었다. 그렇더라도 이해력과 판단력이 뛰어난 지도자였다…….

노부나가는 흔히 적은 인원으로 다수의 군대를 치는 명수라고 알려져 있다. 그러나 그렇지 않다. 노부나가는 오케하자마 전투에서 이마가와 요시모토 군을 쳐 그를 죽인 후 평생 다시는 같은 전법을 쓰지 않았다. 그것은 전법이 아니라 모험이라는 것을 너무도 잘 알았던 것이다.

노부나가는 전투의 승패는 병력의 많고 적음과 무기의 질에 달려 있으나, 그중에서도 병력이 가장 중요하다는 것을 첫 전투에서 깨달았다. **노부나가에게는 참모가 없다고들 알고 있다. 하지만 그것은 틀렸다. 그는 말할 수 있는 자들 모두가 자신의 참모라고 생각했다. 다만 질이 떨어지는 말을 하는 자를 경멸했을 뿐이다.**

인간의 어리석음과 주저함을 송충이처럼 싫어한 노부나가. 그는

어리석은 인생 80년은 뛰어난 인생 20년만 못하다고 굳게 믿은 사
람이었다.

머리를 절반만 숙이는 자는 싫다

일본을 상징하는 말 중에 사무라이(侍)가 있다. 그 사무라이는 무사(武士)라는 계급 속 한 무리의 사람들을 말한다. 흔히 칼을 든 사람들을 모두 사무라이라고 생각하지만 그들은 그저 무사 계급의 한 계층일 뿐이다. 즉 다이묘는 사무라이가 아니라 무사 계급이다. 그러므로 오다 노부나가, 도요토미 히데요시, 도쿠가와 이에야스는 무사지만 사무라이가 아니다. 그들 같은 영주를 모시는 무사들이 바로 사무라이인 것이다.

노부나가, 히데요시, 이에야스는 칼로 일본 천하를 통일시키려고 했거나 그렇게 한 패자들이다. 첫 삽은 노부나가가 떴고, 히데요시는 기둥을 세웠으며, 이에야스는 벽을 만들고 지붕을 씌워 온전한 일본을 만들었다. 그리하여 4백 년이 지난 지금도 일본인들은 이 세 사람을 엄청나게 좋아하고 존경한다. 그리고 그들이 피를 튀기며 살아온 시대를 연구하고 들추어내어 21세기 고달픈 인생길의 지표로 삼으려 한다.

현대의 일본인들은 오다 노부나가에게 '카리스마 강한 지도자'라는 꼬리표를 붙여 주고 있다. 타협은커녕 회의도 싫어했다는 노부나가는 사건이 있을 때마다 배추 밑을 칼로 도려내듯 냉정하게 판단하고 결정을 내려 전광석화로 일을 처리했다. 또 한 번 결정한 일에 대해서는 아끼던 측근이라도 반대 의견을 내놓지 못하게 했다.

그러나 여기에는 걸핏하면 인간을 신격화하는 일본인들의 숭앙 사상이 진하게 배어 있다. 왜냐하면 노부나가에 관한 사료를 읽다 보면 그 역시 전국 시대의 다른 무장들처럼 고민하고 망설였으며 많은 전투와 계획했던 일에서 실패한 것을 알 수 있기 때문이다.

그렇더라도 노부나가는 확실히 강력한 카리스마를 가지고 있었다. 그것은 그가 잡은 권력의 힘에서 비롯된 것일 수도 있겠으나 무엇보다 그의 성격 때문이었다. 그가 죽은 후 천하를 손아귀에 넣은 도요토미 히데요시와 도쿠가와 이에야스도 그에 못지않은 권력을 가지고 있었지만 그들에게는 카리스마라는 꼬리표가 붙지 않은 것을 봐도 알 수 있다.

노부나가는 동란에 휩싸인 전국 시대의 일본에서 가장 강력한 리더였고 평화를 원하는 민초들의 한 줄기 빛이었다. 민초들은 누군가 뛰어난 지도자가 나타나 피로 물든 전국을 평정하고 평화를 가져오기를 바랐던 것이다. 이에야스는 좀 다르지만 히데요시도 그런 심정으로 목숨을 바쳐 노부나가에게 충성을 바쳤다고 한다. 이에야스는 노부나가의 가신이 아니었다. 굳이 이름을 붙이자면 객장(客將)이라고 하면 어떨는지.

노부나가는 불같은 성격을 가졌으면서도 때로는 사안에 따라 깊이 생각할 줄 아는 인간이었다. 이미 결정을 내린 일은 빠르게 진행시키지만 결정을 내리기까지는 심사숙고했다는 말이다.

전부 긁어모아야 5천 명 남짓한 군사로 5만 명이라고 소문이 난 이마가와 요시모토 군의 본진을 습격하여 요시모토의 목을 딴 일이 그 예이다. 요시모토는 죽는 순간까지도 노부나가 군의 습격인 줄 모르고 자신의 부하들이 다투는 줄 알았다고 한다. 설마 자신의 대군을 노부나가 군이 공격하리라고는 상상도 하지 못했던 것이다. 노부나가는 깊이 생각하고 빈틈없는 정보로 요시모토가 있는 곳을 정확히 알고 공격했던 것이다.

동해의 패자(覇者)인 요시모토를 벤 사건으로 천하는 깜짝 놀랐고 노부나가는 순식간에 실력자의 대열에 껑충 올라섰다. 그때 그의 나이 27세였다.

뒤에 자세히 그날의 전투를 소개하겠지만 훗날 일본인들은 요시모토와의 전투에서 노부나가의 강한 카리스마를 몸이 저리도록 느꼈던 것이다. 노부나가가 천하에 소문이 자자한 다케다 기병대를 물리친 것도 특유의 카리스마가 있었기에 가능했다. 당시 일본에서 다케다 기병대는 신출귀몰, 무적으로 유명했다. 하지만 노부나가는 다케다의 무적 기병대를 총을 이용해 한 방에 보내 버렸다. 당시 무사들은 총 쓰는 것을 비겁하다고 생각했다. 그러나 노부나가는 그들과 생각이 달랐다. 그는 앞으로의 전투가 총에 의해 좌우될 것임을 이미 알았던 것이다. 그리고 그의 판단은 적중했다.

노부나가와 이에야스는 어릴 적부터 형제처럼 지냈고 커서도 마찬가지였다. 요시모토가 노부나가의 습격으로 죽은 후 이에야스는 노부나가와 동맹을 맺었다. 이 동맹은 치열한 난세에서도 빛을 발하여 노부나가는 죽을 때까지 이를 깨지 않았다. 물론 이에야스 쪽에서도 동맹을 유지하려고 애를 썼겠지만, 노부나가가 통일의 발판을 마련하고 천하를 호령할 때라는 것을 감안할 때 모든 것은 노부나가에게 달려 있었다고 해도 과언이 아닐 것이다. 노부나가는 이에야스 때문에 속이 썩었거나 손해를 봤으면 봤지 이익을 본 적은 없었다. 그러니까 어릴 적 약속으로 늘 보살폈다고 하는 게 맞을 것이다.

앞으로도 노부나가와 히데요시의 얘기를 하다 보면 꼭 이에야스가 감초처럼 등장하는 것을 볼 수 있을 것이다. 그 정도로 이 세 사람은 떼에서는 안 될 인연을 맺고 있다.

첫 만남에서의 신뢰는 예나 지금이나 인간 관계에서 가장 우선이다.

히데요시가 죽고 나는 새도 떨어뜨린다는 권세를 잡은 이에야스 앞에 버티고 선 도시이에 역시 히데요시와 오랜 친구 사이였다. 도시이에는 누대로부터 노부나가 가문의 가신으로서, 노부나가를 어릴 적부터 곁에서 모시는 사무라이〔侍童〕였다.

히데요시가 말 손질을 하는 하인으로 첫 취직이 되었을 때 도시이에는 시동이었으므로, 오늘날로 치면 부장과 신입 사원의 차이만큼 격이 달랐다. 히데요시는 시동 도시이에의 됨됨이를 알아보고 엄청난 공을 들여 신뢰를 쌓았다.

50여 년이 흐른 후 히데요시가 죽자 도시이에는 그의 아들 히데요리를 이에야스로부터 지켜 주었다. 하지만 결핵을 앓고 있던 도시이에는 더 이상 히데요리를 지켜 주지 못하고 예순셋의 나이에 죽고 말았다. 그리하여 결국 천하는 이에야스의 손 안으로 들어가게 되었던 것이다. 만약 도시이에가 건강하게 10여 년만 더 살았다면 이에야스가 그토록 쉽게 천하를 거머쥐지는 못했을 것이다.

기왕에 비약을 했으니 계속 해보자. 이에야스가 노부나가에게 고개를 절반만 숙였다면 일본의 역사는 달라졌을 것이다. 또 히데요시가 노부나가에게 고개를 절반만 숙였어도 일본의 역사는 확연히 달라졌을 것이다. 그러나 두 사람은 진정으로 고개를 숙였고 노부나가는 두 사람을 믿고 때로는 의지했다.

하지만 아케치 미쓰히데는 진정으로 고개를 숙이지 않았기 때문에 노부나가는 통일의 발판을 다지고도 그 마지막은 보지 못한 채 죽어야 했다. 만약 미쓰히데가 고개를 온전히 숙였다면 일본 전국 시대의 통일은 수십 년 더 빨라졌을 것이다. 그리고 미쓰히데 그 자신도 역사에 당당히 이름을 남겼을 것이다.

청소년 시절의 노부나가는 꼴통이었다

청소년의 미래를 그가 지금 입고 있는 옷차림으로 가늠하거나, 취미 등으로 평가하는 것은 무리라는 걸 사람들은 알고 있다. 그것은 젊었을 때 잠깐의 일탈이 평생 이어지지 않는다는 것을 잘 알고 있는 까닭이다.

사람은 살아가면서 계속 변한다. 깨달아서 변하기도 하고, 이익과 이런저런 이유로 변하는 것이다. 그러므로 젊은 한때 부모들의 눈살을 찌푸리게 했다고 해서 그 젊은이가 성공하고는 먼 꼴통이 된다고 생각하는 것은 참으로 위험한 생각이다. 오다 노부나가도 청소년 시절에는 소문난 꼴통이었다.

오다 노부나가는 15세에 나고야 성의 성주가 됐다. 성주가 되어서도 노부나가의 옷차림은 자유분방하다 못해 한마디로 가관이었다.

표범 가죽으로 만든 옷에다 허리에는 늘 새끼줄을 맸으며 거기에 여러 개의 주머니를 주렁주렁 달고 있었다. 그 주머니에는 부싯돌과 주먹밥, 물 등이 들어 있었다. 게다가 머리는 언제나 볼썽사납게 위로 뻗치게 묶은 막상투였는데, 당시의 무사 계급으로서는 생각지도 못할 모습이었다. 그런 모습에 말투도 사납고 성질은 급했으며 하는 짓은 다이묘의 절도나 품위와는 거리가 멀었다.

그래서 오와리(노부나가의 영지)의 백성들은 은밀히 노부나가를 약간 모자라는 꼴통이라고 불렀다. 그러므로 그가 장자여서 나고야 성을 물려받기는 했지만 아버지 노부히데의 뒤를 이어 오다 가의 대를 이으리라고 생각하는 사람은 없었다. 그만큼 그는 백성들에게 인정을 받지 못하고 있었다.

아버지 노부히데도 그런 아들이 불안하기만 했다. 하지만 한편으로는 관습에 얽매이지 않는 아들이 혹시 뛰어난 인물이 아닐까 생각하기도 했다. 노부나가는 아버지 앞에서도 상스러운 말투를 고치지 않았고, 옷차림도 그대로여서 거부감과 기대감을 동시에 갖게 했다.

노부나가는 남들이 열심히 하는 평범한 일에는 관심이 없었다. 그는 그것을 타이르는 아버지에게 이렇게 말하곤 했다.

「남이 못하는 것을 나는 할 겁니다. 다른 사람이 할 수 있는 걸 내가 무엇 때문에 일부러 나서서 하겠습니까. 나는 흉내를 내는 것은 싫습니다.」

그러면서 그는 그 시절 가장 인기가 있어 누구나 채택하고 있는 두 간 반짜리 창을 세 간으로 바꾸었다. 창이란 멀리서 적을 찌르는 것이므로 조금 더 긴 쪽이 유리하다고 생각한 까닭이었다. 그의 그런 빛나는 생각들은 적중하여 훗날 노부나가의 창 부대는 전투에서 그야말로 멋진 활약을 펼치게 된다.

노부나가는 15세에 인근 지역의 영주인 사이토 도산의 막내딸 노히메와 정략결혼했다. 동맹 관계가 아니었으므로 장인과 사위는 대면도 하지 않은 채 국경에서 아내를 넘겨받았다. 노히메는 자식을 낳지 못했다. 노부나가의 아들들은 모두 훗날 측실들이 낳았다.

사이토 도산이 자신의 딸을 노부나가와 혼인시킨 이유는 노부나가의 아버지 노부히데가 죽은 다음, 꼴통이라고 소문 난 사위에게서 오와리의 넓은 영지를 슬쩍하기 위해서였다. 그는 강력한 지도력을 가지고 있던 노부히데가 죽으면 오와리는 내분에 휩싸이게 되고, 그때 사위 노부나가를 불러 은밀히 죽인 뒤 오와리를 차지하려는 계략을 꾸미고 있었다.

도산이 예측한 대로 노부히데가 죽자 오와리는 얼마 안 가 내분에 휩싸였다. 가신 대부분은 노부나가를 지지하는 게 아니라 그의 동생을 지지하고 나섰다. 노부나가의 편이라고는 스님인 그의 조부와 어릴 때부터 그를 가르쳐 온 노신 히라테 정도였다. 심지어 노부나가를 낳은 어머니마저 외면하는 상황이었다. 이런 판국이니 도산이 오와리를 삼키려고 침을 흘리는 것은 당연한 일이었는지도 몰랐다.

하지만 노부나가는 조금도 언행을 고치려고 하지 않았다. 그런 와

중에 그에게 처음으로 커다란 위기가 닥쳤다. 바로 자신의 스승이요 가장 신뢰하던 노신 히라테가 할복을 한 것이었다.

히라테는 노부히데의 장례식에서 보인 노부나가의 행동을 본 후 자신의 교육이 잘못되었음을 깨달았다. 노부나가는 사람들이 모여 기다리는 장례식에 늦게 나타난 데다 아무런 말도 없이 아버지의 위패를 향해 향을 한 줌 집어 던졌던 것이다.

「앗!」

장례식장에 모인 사람들은 당황해하며 경악했다. 거기다가 노부나가의 옷차림은 평소와 같았다. 표범 가죽으로 만든 옷에 새끼줄과 주렁주렁 달린 주머니들⋯⋯. 그리하여 히라테는 자신의 죽음으로써 노부나가의 버릇을 고쳐 놓겠다고 생각했던 것이다. 하지만 사실 노부나가는 자신의 언행이 잘못됐다는 것을 잘 알고 있었다. 그는 그저 평범한 것이 싫었고 사람들의 마음을 알고 싶어 그렇게 행동한 것뿐인데, 스승은 그걸 알지도 못하고 할복한 것이었다.

어지간해서는 놀라지 않는 노부나가였지만 히라테의 할복 소식에는 놀라 일어나다가 팔걸이에 걸려 자빠질 정도로 허둥거렸다.

히라테는 간언장(諫言狀)을 남기고 다다미를 뒤집어 간 뒤에 자신의 서재에서 배를 열십자로 가르고 죽었다. 그 간언장의 첫머리에는 이렇게 씌어 있었다.

첫째, 괴이한 차림을 더 이상 하지 마십시오. 새끼줄로 맨 허리띠,

하늘로 뻗힌 막상투는 백성들로부터 웃음거리가 됩니다. 둘째…….

모두 10여 항에 이르는 간언을 남긴 히라테는 싸늘히 식어 있었다.

오늘날의 눈으로 보면 노부나가는 분명 자유인이었다. 게다가 그는 시를 좋아하고 다이묘들 중에서는 처음으로 다도를 즐기며 무사 계급에 널리 유행시킨 인물이었다. 또 결단력이 있고 배짱이 두둑했다. 그리하여 지금도 그가 부동의 인기를 누리는 것은 아닌지.

히라테가 죽자 오와리 가신들은 조금씩 노부나가를 죄어 오기 시작했다. 말은 하지 않았지만 그들은 이렇게 요구하고 있었다.

'당신은 능력이 안 되니 영주 자리를 내놓으시오.'

노부나가는 그런 사실을 잘 알고 있었다. 그는 그 모든 것을 한 번에 무마시킬 거리를 찾고 있었다. 그리고 마침내 장인 사이토 도산을 희생물로 삼자는 계산이 나왔다.

노부나가가 만나자는 연락을 하자, 도산은 때가 왔다고 생각했다. 그리하여 사위를 만나겠다며 접견 장소로 양쪽 영지의 중앙인 쇼토쿠 사(당시의 절은 무장들의 숙소이며 회견 장소로 널리 이용되었다. 그만큼 시설이 좋은 숙박 시설이 없었기 때문이다)로 정했다. 그러고는 은밀히 절 부근에 군사들을 매복시켰다. 만남의 장소에서 노부나가를 죽이고 별동대를 즉시 오와리로 침투시킬 계획이었던 것이다.

장인과 사위의 계산이 그 정도라면 누구나 혀를 내두르며 고개를 절레절레 저을 것이다. 하지만 일본 전국 시대에는 이런 일들이 흔하게 일어났다. 이기면 실력이라 평가받았고 지면 능력이 없는 것으로 판명 났다. 수단과 방법을 가리지 않아도 됐지만 그 속에는 나름의 규칙이 존재했다.

만남의 장소인 쇼토쿠 사에 먼저 도착한 것은 사이토 도산이었다. 그는 갑옷 위에 예복을 입은 말 탄 무사 1천 명을 데리고 와 인근의 사람들을 놀라게 했다. 무사가 1천 명이나 움직인다는 것은 전쟁이 아니면 보기 어려운 상황이었기 때문이다.

도산은 군사들을 매복시키고 자신은 절 입구의 여관 2층으로 올라가 은밀히 노부나가가 어떤 모습으로 도착하는가 살피고 있었다. 곁에 있던 측근이 망을 보다가 말했다.

「보입니다. 오, 선두가 보입니다.」

'몇십 기 정도의 호위를 받으며 나타나겠지.' 도산은 만약 난세에 그런 행동을 하는 멍청이라면 얼굴도 대면하지 않고 죽일 참이었다.

「기마대냐?」

도산이 물었다.

「아닙니다. 보병입니다. 그런데 모두 10대의 젊은이입니다.」

「음, 바로 노부나가가 자랑한다는 소년대로군. 선두는 몇 명이나 되는가?」

「2백 명 정도 됩니다.」

「2백 명의 골목대장이라…… 선두가 2백 명이라면 모두 합쳐 5백 명쯤 데려왔겠군. 우리 기병대가 단숨에 짓밟아 버릴 수 있겠다.」

「다음은 활 부대입니다. 3백 명이 넘는 것 같습니다.」

「뭐, 활 부대가 3백이 넘는다고? 어쭈, 꼴통이 제법 생각했는데.」

「앗, 다음은 소총 부대입니다.」

「20여 자루 되겠지?」

「아닙니다. 활 부대보다 약간 많습니다. 약 350명.」

「으음…… 총 부대가 350이면…….」

「다, 다음은 창 부대입니다. 모두 6백 명쯤 됩니다. 그런데 창이 깁니다. 모두 세 간짜리입니다.」

도산은 더 이상 할 말이 없었다. 그는 식은땀을 흘리며 일어섰다. 사위와의 만남에 늦지 않기 위해서였다.

노부나가는 표범 가죽으로 만든 옷을 벗고 무사의 예복을 입고 있었다. 남자들도 반할 정도의 깨끗한 피부와 오뚝한 코, 너무도 잘생겨 하마터면 도산은 얼굴을 붉힐 뻔했다. 그는 사위를 죽이려는 계획을 바꾸어야 했다. 그렇지 않으면 오히려 자신이 사위에게 죽임을 당할 판이었다.

당시 유럽과 일본의 기술 차이는 엄청났다. 그러나 무엇이고 일본에 들어오기만 하면 그들은 그것을 만들어 냈다. 모양은 조잡하고 성능 면에서는 훨씬 떨어졌지만 일본은 그즈음 이미 포르투갈에서 들어온 총을 기본으로 하여 화승총을 직접 생산하고 있었다. 비록 1년에 1백여 자루밖에 못 만들고 그나마도 고장이 잦았지만 그 위력은 활보다 월등했다.

노부나가가 장인을 만나고 돌아온 뒤 가문의 가신들은 달라진 주

군을 맞이해야 했다. 그 후 누구도 그를 모자란다거나 꼴통이라고
쑥덕거리지 않았다.

승부를 건 모험은 한 번으로 족하다

오다 노부나가가 등장하는 글에서 오케하자마 전투를 빼면 지붕 없는 집이요, 앙꼬 없는 찐빵이 될 것이다. 숱한 일본의 소설과 처세서들은 오케하자마 전투에 엄청나게 많은 공을 들인다. 오케하자마 전투가 있었기에 그리고 노부나가가 이겼기에 그는 권력자가 될 수 있었던 것이다. 그가 만약 오케하자마 전투에서 요시모토에게 졌다면 죽었거나 살았다 해도 후대에 이름을 남기지는 못했을 것이다.

그렇게 되었다면 일본의 역사는 어떻게 변했을까. 노부나가가 있을 자리에 요시모토가 앉았거나 아니면 제3자가 자리했을 것이다. 그러나 4백여 년 전 오다 노부나가는 요시모토를 이겼고 그는 단박에 일본 천하에 우뚝 섰다. 나이는 어렸지만 다른 60여 명의 다이묘들과 같은 처지에서 순식간에 선두로 앞서 나왔던 것이다. 그는 누구의 도움으로 그렇게 된 것이 아니라 오직 자신의 실력으로 경험

많고 나이 많은 다이묘들의 앞에 선 것이었다.

경기 침체는 계속되는데 모아 둔 재산은 없고 게다가 직장도 잃었다면, 어떻게 해야 할까. 홀몸도 아니고 가족이 달린 사람이라면 하루하루 살아가기가 정말이지 공중에서 외줄을 타는 기분일 것이다.

이번 달은 어찌어찌 버텨 냈지만 다음 달은 어찌 될지 생각조차 하기 싫은 생활. 그런 삶을 살아가는 사람이라면 전국 시대 무사들의 생존 전략을 한 번쯤 배워 둘 필요가 있다. 상대를 죽이지 않으면 내가 죽을 수밖에 없었던 전국 시대. 그 시대에는 무장이든 막졸이든 살려면 남을 죽이고 빼앗은 쌀로 밥을 지어야만 했다.

그러나 오늘날은 그렇게 할 수도 없고, 그렇게 해서도 안 된다. 참으로 살기 편하고 좋은 세상이지만 살기 위해 남을 죽이거나 남의 것을 힘으로 빼앗는 것은 허락되지 않는다. 말로는 약육강식이라지만 문자 그대로 약육강식도 아닌 복잡하고도 묘한 세상이다.

어렵고 고달픈 이 세상을 살아가는 열쇠는 단 하나 돈[錢]이다. 전국 시대의 칼은 무사의 혼이었다. 오늘날에는 돈을 혼으로 모시고 사는 사람들이 많다. 아니, 어쩌면 이렇게 말하는 필자조차 겉으로는 아닌 척하면서 사실은 돈을 가장 귀한 혼으로 인정하고 사는지 모른다.

어쨌든 자신의 목숨 외에는 돈보다 우선인 것이 없다. 좋은 집에, 맛난 음식은 말할 것도 없고 정치인을 무릎 꿇릴 수도 있고, 때로는 나라의 정책도 바꿀 수 있다. 아니, 위정자를 매수하여 손바닥 안에 두고 요리조리 조정할 수도 있다.

1560년 5월 요시모토와 대치하고 있던 우에스기 겐신과 다케다 신겐의 승부는 장기전으로 접어들었다. 화해도 없었고, 그렇다고 어느 쪽이 우세하여 상대를 물리칠 수 있는 상황도 아니었다. 그러자 요시모토는 교토로 상경하기 위해 움직이기 시작했다.

당시 교토로의 진출은 중앙 진출을 뜻했다. 확보된 식량을 오와리, 미카와 국경 근방에 있는 자신의 세력권에 있는 성으로 반입시켰다. 교토의 중앙 진출이 성공한다면 요시모토의 가신 무장들은 승진하여 영지를 가진 다이묘가 될 것이었다. 그것을 너무도 잘 아는 무장들은 전력을 다하여 병력을 모았다. 상경군은 대략 3만 명이었다. 그것이 요시모토 군의 전부가 아니었다. 성마다 군사를 남겨 지켜야 했기 때문이다.

상경하는 데 3만 명을 동원할 수 있는 다이묘는 당시 일본에 없었다. 노부나가는 고작 5천 명, 우에스기는 8천 명, 다케다는 1만 2천 명, 호조는 1만 명 정도 동원할 능력이 있었다. 군사 동원 능력은 쌀이 얼마나 나오느냐에 따라, 즉 소유지가 얼마나 되느냐에 따라 계산되었다. 그러므로 요시모토가 교토로 진출했다는 것은 요시모토의 영지가 일본 내에서 가장 컸음을 뜻한다.

그런 요시모토가 죄어들듯 오와리로 다가오고 있었다. 요시모토는 오와리를 거치지 않고는 교토로 상경할 수 없었고, 노부나가 또한 그런 요시모토에게 항복할 것인지 싸울 것인지 결정해야 하는 참으로 중대한 갈림길에 놓여 있었다.

그러나 노부나가는 항복할 마음이 눈곱만큼도 없었다. 그는 처음부터 싸우기로 마음먹고 있었지만 어떻게 싸울지는 결정하지 못한 상태였다. 왜냐하면 5천 명으로 3만 명을 상대하는 것은 병력 면에서 너무나 차이가 컸기 때문이다.

노부나가는 히데요시(당시는 기노시다 도키치로)에게 마을을 돌며 된장을 사 모으게 하면서 성문을 닫아 걸고 백성들이 농성을 한다는 소문을 퍼뜨리고 적의 동태를 샅샅이 살펴 보고하게 했다. 물론 적인 요시모토의 귀에 들어가게 하려는 작전이었다. 또한 요시모토 군의 움직임은 매일 히데요시에게서 노부나가에게 전달됐다. 그러나 이런 사실을 노부나가의 가신들은 알지 못하고 있었다.

노부나가는 히데요시의 보고를 받으면서 기습 외에 달리 길이 없음을 알았다. 기습을 하려면 정확한 정보가 있어야 했다. 즉, 적이 언제 어디에 있느냐를 아는 것이 가장 중요했다.

그러나 그런 사실을 알 리 없는 가신들은 주군 노부나가가 전투 준비를 시키지 않는 것이 불만이었다. 그래도 노부나가는 아랑곳하지 않고 북을 치고 노래를 부르며 천하태평이었다. 뿐만 아니라 애첩들을 모두 불러 놓고 때론 낮에 동침을 하기도 하여 측근들의 얼굴을 붉히게 했다.

그렇게 5월 19일 날이 밝았다. 이날이 바로 훗날 일본인들의 가슴을 죄게 만든 노부나가의 카리스마가 빛나는 날이다. 이날 노부나가는 질풍처럼 움직여 요시모토를 쳤고 일본의 역사는 바뀌었다.

그날 노부나가는 히데요시가 나타나기 전까지 여느 날처럼 방문을 닫고 밖으로 나오지 않았다. 그러던 그에게 기다리던 히데요시가 찾아왔다. 부채를 펼치고 춤을 추며 아츠모리를 부르던 노부나가는 히데요시에게서 보고를 받자마자 부채를 집어 던지며 방을 뛰쳐나갔다.

「집합, 고동을 불어라! 나를 따르라!」

불같은 성격의 노부나가는 그동안 자기를 누르기 위해 술을 마시고 춤을 추며 결전의 때를 기다렸던 것이다. 히데요시는 노부나가의 인내심에 깊이 감명했다. 그는 더 이상 신발 담당도 말 재갈잡이도 아니었지만 그런 노부나가를 위해 모든 것을 하고 싶었다. 시종들보다 더 빨리 뛰어 노부나가에게 가죽신을 신기고 쉽게 말에 오르도록 말 옆에 엎드렸다.

예나 지금이나 상사의 마음을 읽는 부하를 두면 그 상사는 행복하다. 그러면 상사는 자잘한 일보다 훨씬 고급한 일을 생각하며 나아갈 수가 있다.

노부나가가 성문에 닿을 때까지 그를 따르는 무사는 겨우 10여 기였다.

노부나가는 그대로 달려 아쓰다 신궁에 닿았다. 그리고 자신은 믿지도 않는 신에게 승전을 빌었다. 그러는 사이 무사들은 늘어나 어느덧 그 수가 2천 명에 달했다.

장사치 차림의 정보원이 속속 노부나가에게 접근하여 귓속말을 전했다. 노부나가는 줄곧 요시모토의 움직임을 손바닥 들여다보듯 하고 있었던 것이다. 정보원들은 장사치, 농군, 승려로 위장하고 있었다.

「요시모토는 지금 오케하자마의 덴가쿠 골짜기에서 휴식을 취하고 있습니다. 인근의 농민들을 시켜 술과 음식을 가지고 요시모토를 찾아가 지금까지 오와리 인근의 성을 함락시킨 승전 축하를 하게 했습니다. 요시모토는 차양을 치게 하고 술과 음식을 본대에 돌리고 있습니다. 아예 그곳에서 점심을 먹고 출발할 작정인 듯합니다.」

시간은 정오에 가까워지고 있었다. 골짜기 아래로 이마가와 군 본대의 행렬이 뱀처럼 길게 늘어서 있는 것이 보였다. 점심을 짓기 위해 곳곳에서 불을 피우고 있었고, 요시모토가 쉬고 있는 차양을 친 곳에서는 그의 마표와 대장기가 펄럭였다.

「나는 이 한 번의 싸움으로 가문을 일으키고 일본에 오와리의 이름을 드높일 것이다. 개인의 공을 내세우고자 전군의 승리를 방해하는 놈은 용서하지 않겠다. 하나가 되어 적을 짓밟되 요시모토만을 공격하라. 다시 말한다. 넓게 전투를 벌이지 말고 요시모토만 겨냥하여 공격한다.」

그때 바람이 을씨년스럽게 불더니 비가 쏟아지기 시작했다. 이렇게 되면 심지가 젖게 되어 노부나가가 자랑하는 소총 부대는 쓸모가 없게 되지만 대신 적들이 이쪽의 기습을 전혀 눈치 채지 못할 것이라고 노부나가는 생각했다.

후대의 일본인들이 노부나가의 마음을 마치 들여다보듯 알 수 있는 힘은 소설에서 나왔다. 그리고 그 소설은 노부나가 공기(信長公記)와 많은 사료에 의거해서 씌었다. 그날 노부나가의 행동은 한마디로 카리스마의 정수였다.

「오오!」

모두가 칼과 창을 높이 들어 환호했다. 노부나가는 빗속을 뚫고 가장 먼저 달려 나갔다. 와, 소리는 오다 군이 아니라 기습을 당한 이마가와 군이 당황하여 지르는 함성이었다. 이마가와 군은 오다 군의 기습이라는 것은 생각도 못하고 이리저리 뛰며 사태를 파악하려고 했다. 어떤 무사는 이렇게 소리쳤다.

「누구의 반란이냐? 누구의?」

덴가쿠 골짜기는 비에 젖어 질척였다. 그곳에 오다 군 2천 명이 기습을 단행했다. 많은 수의 군사들이 한꺼번에 차양을 친 요시모토의 본부를 향해 달려든 것은 참으로 훌륭한 전략이었다. 물론 맞서 싸우는 이들도 있었지만 5천 명의 이마가와 본대는 사태 파악도 못하고 멍하니 바라보고 섰다가 쓰러질 뿐이었다.

30여 분 후 모리 신스케라는 별로 신분이 높지 않은 노부나가의 사무라이가 요시모토의 목을 베어 들고 외쳤다.

「나, 오다 노부나가의 가신 모리 신스케가 이마가와 요시모토의 목을 잘랐노라!」

요시모토는 모리의 손가락 하나를 물고 눈을 부릅뜨고 있었다. 이렇게 스루가, 도토미, 미카와의 다이묘는 덴가쿠 골짜기에서 이름도 알려지지 않은 평범한 무사들에게 허무하게 목이 잘리고 말았다.

이 전투가 일본인들이 은근히 자랑하며 혹은 천재로 추켜세우는 노부나가의 첫 공식 전투다. 물론 그전에도 오와리 안에서 국경 문제를 놓고 이런저런 전투를 벌이긴 했지만 3국의 태수라는 거대한 적을 꺾은 것은 처음이었다. 그러나 이 전투는 사실 후대 일본인들이 말하는 것처럼 3만 명 대 2천 명이 아니라 5천 명 대 2천 명의 싸움이었다. 이마가와 군은 모두 3만 명이긴 했지만 그 3만 명이 한꺼번에 움직일 수는 없었다. 노부나가는 그걸 노렸고 멋지게 성공했던 것이다. 당시 요시모토의 지배 영역은 120만 석, 노부나가는 20만 석이었다.

오케하자마 전투에서 승리한 노부나가는 천하로 당당하게 걸어 나갔다. 그러나 49세의 나이로 죽을 때까지 소수의 병력으로 거대한 적을 치는 기습 작전은 두 번 다시 쓰지 않았다. 그는 승부를 건 모험은 일생에 한 번으로 족하다는 것을 뼈저리게 느꼈던 것이다.

정보와 기획이 용맹보다 중요하다

오늘날 우리는 요긴한 정보를 얻기 위해 엄청난 노력을 기울인다. 평범한 노력으로는 보이지 않는 치열한 전투에서 이기기보다 질 확률이 더 높기 때문이다. 강대국을 보면 정보가 얼마나 중요한지 알 수 있다. 위성을 통해 적의 심장부에서 바늘을 찾아낼 정도로 훤히 들여다보면서 하는 전쟁은 이길 수밖에 없다.

굳이 전쟁까지 이야기할 필요도 없다. 샐러리맨 중에서도 빠르게 승진하는 사람을 자세히 보면 그에게 엄청난 정보를 주는 상사나 임원이 있다는 것을 알 수 있다. 그리고 잠깐 사이에 많은 돈을 번 사람들 역시 복권에 당첨되지 않은 한 은밀하고 고급한 정보에 의해 투자를 했다는 것을 알 수 있다. 그만큼 정보는 중요하다. 그리고 고급한 정보일수록 힘 있는 자들이 독점하고 있다.

4백여 년 전 노부나가는 정보가 무엇보다 중요하다는 것을 알고 있었다. 그는 정확한 정보를 얻기 위해서 돈을 아끼지 않았다.

그는 오케하자마 전투에서 이긴 그날 요시모토의 목을 벤 가신보다 먼저 요시모토와 싸우다 다친 가신에게 더 후한 상을 내리며 논공행상을 행했다. 그리고 그보다 요시모토 군이 어디에 있었는지 정확한 정보를 가져온 몇 사람에게 더 좋은 상을 내렸다.

노부나가는 가장 중요한 정보를 제공한 야나다 마사쓰나에게 구쓰카게라는 작은 성과 쌀 3천 석을 상으로 내리면서 이렇게 말했다.

「이번 전투를 이기게 한 공은 덴가쿠 골짜기에서 요시모토 군이 점심을 먹는다는 정보를 가져온 마사쓰나에게 있다. 만약 이런 정보가 없었다면 우리는 요시모토 군을 치지 못했을 것이고, 아울러 그의 목을 자르지도 못했을 것이다. 모두 잘 들어 두어라. 전장에서 용감하게 싸우는 것도 중요하지만 무엇보다 아군이 덜 다치고 또 승리할 수 있는 정보가 무엇보다 소중하다.」

요시모토의 본대는 요시모토 군에서도 알아주던 주력 부대였다. 그런 부대가 한방에 날아갔다는 소식은 이마가와 편 무장들을 떨게 만들기에 충분했다. 그들은 그런 소식을 들은 후 허둥지둥 본토를 향해 퇴각하기 시작했다.

이미 그들의 사기는 땅바닥에 떨어졌고 군율은 있으나마나였다. 행군 도중이나 야영 때 도망치는 군사들로 이마가와 군은 하루가 다르게 숫자가 줄어들었다. 노부나가는 그런 사실을 잘 알았지만 이마가와 군을 추격하지 않았다.

노부나가는 본성으로 돌아가 가신들에게 후한 상과 함께 휴가를 주었다. 그때도 가신들은 이마가와 군을 추격하거나 인근의 이마가와 땅을 침범하여 영지를 늘려야 한다고 주장했다. 그러나 노부나가는 들은 척도 하지 않았다. 그들 모두를 칠 힘이 자신에게 없었기 때문이다.

한편 이마가와의 가신들은 주군의 복수는커녕 도망가기 바쁜 모습만 보여 멀리서 살피고 있던 다른 나라의 비웃음을 샀다. 그래도 그나마 체면을 유지했던 것은 나루미 성의 성주 오카베 모토노부와 오다카 성으로 군량미를 운반하러 갔던 이에야스(당시는 마쓰다이라 모토야스)였다. 그러나 이에야스는 요시모토가 죽음으로써 인질에서 풀려날 구실만을 찾았다. 그는 이마가와 가문이 있는 슨푸로 돌아갈 생각을 가지고 있지 않았던 것이다.

이마가와 군 무장들이 도망갈 때 모토노부는 요시모토의 목을 찾기 위해 노력했다. 이틀 동안 갖은 수단을 동원하여 노부나가를 공격한 끝에 주군인 요시모토의 목을 찾아 철수할 수 있었다. 그러나 노부나가가 요시모토의 목을 돌려준 것은 그가 겁나서가 아니었다. 쓸데없는 것에 목숨을 걸고 덤비는 모토노부가 성가셨기 때문이었다. 또 다른 이유가 있다면 그의 충정에 약간의 동정심이 발동하기도 했기 때문이다.

이에야스는 오다카 성에 머물러 있었다. 이미 그는 노부나가에게

요시모토의 목이 잘린 것을 확인한 뒤였다. 그에게 노부나가는 인질 시절 형처럼 가깝게 지내던 사람이라 적이 된 후에도 적이라는 실감을 하지 못했다. 이에야스는 노부나가와의 싸움 자체가 탐탁지 않았지만 어쩔 수 없이 요시모토의 무장이 되어 싸웠던 것이다. 하지만 이제 요시모토가 죽은 이상 구태여 노부나가에게 덤벼들 이유가 없었다.

이에야스는 밤이 되기를 기다려 조용히 깃발을 접고 자신의 옛 영지였으나 인질이 되면서 이마가와의 영지가 된 오카자키로 물러났다. 물론 노부나가와는 아무런 연락이 없었지만 노부나가 또한 이에야스가 덤비지 않고 물러나리란 것을 간파하고 있었다.

하지만 이에야스의 성은 이마가와의 성주 대리가 이미 차지하고 있었다. 당장 성을 되찾자는 가신들을 제지한 이에야스는 3일을 오카자키 성 인근의 절에서 머물렀다.

3일째 밤이 되자 오카자키 성을 지키던 이마가와의 성주 대리가 부대를 이끌고 철수했다. 이에야스와 그 가신들은 눈물을 뿌리며 오카자키 성을 되찾았다. 고아이며 오카자키에서 인질 생활을 하던 이에야스는 열아홉 살에 결국 자신의 성을 되찾은 것이었다. 하지만 그것 또한 냉철히 따져 보면 모두 노부나가의 덕이었다. 노부나가가 아니었다면 요시모토는 죽지 않았을 것이고, 이에야스는 성을 되찾기는커녕 선봉에 나서 싸우다가 전사했을지도 모를 일이었다. 노부나가와 이에야스의 인연은 참으로 기연이었다.

히데요시는 또 다른 각도에서 노부나가와 인연을 맺은 사람이다. 그러므로 훗날 노부나가가 죽고 나서는 이에야스와 몇 겹으로 인연을 쌓았지만 노부나가가 살았을 당시에는 그저 노부나가의 많은 무장 중 한 명일 뿐이었다.

정보를 중시하는 노부나가는 이에야스가 오카자키 성으로 들어가 무엇을 하는지 상세하게 보고받고 있었다. 그는 이에야스가 자신을 향해 칼끝을 겨누지 않을 것을 알았기에 얼마 후 두 사람의 동맹은 이루어질 수 있었던 것이다.

오케하자마 전투의 승리는 한낱 오와리의 다이묘에 지나지 않던 노부나가를 일본 전국에 알리는 계기가 됐다. 그리고 무엇보다 그때까지도 수상쩍어하던 가신들의 태도와 마음을 돌리는 데도 일조했다. 오케하자마 전투 후 주군에 대한 경외심이 솟구쳐 눈물을 뚝뚝 흘리며 우는 무장들이 많았다. 그 후 노부나가의 말이라면 무조건 복종하게 됐고 그것이 오늘날에도 전해지는 노부나가 카리스마의 진면목이다.

노부나가는 며칠 동안 조용히 지내다가 이마가와 군의 철수에 대한 정보를 입수하자 군사를 움직여 이에야스가 비운 오다카 성과 나루미 등 서너 개의 성을 순식간에 점령했다. 그리고 한 번 빼앗았다가 요시모토에게 다시 빼앗긴 미카와 가리야 성(원래는 마쓰다이라 가의 성)을 되찾았다.

6월에는 자신의 거점인 기요스를 노리던 시나노 성과 남쪽의 위협 세력이었던 가니에 성을 되찾았다. 오다 가의 영지는 15만 석이 늘어 모두 35만 석이 되었다.

「이것은 시작에 불과하다. 이제 일본은 모두 오다의 것이 되리라.」

가신들은 그 말이 무슨 뜻인지 이해할 수 없어 멀거니 주군의 입만 쳐다볼 뿐이었다.

신뢰는 목숨도 지켜 준다

노부나가와 이에야스는 동맹을 맺은 후 한 번도 깨지 않았다. 오늘의 적이 내일은 아군이 되는 게 아니라 아침의 아군이 저녁에 적이 되는 전국 시대에는 참으로 드문 일이었다. 노부나가가 죽을 때까지 깨지 않은 두 사람의 동맹은 어릴 적 구두로 했던 맹약이었다.

난세(亂世).

노부나가와 히데요시, 이에야스가 성장하기 전의 일본은 수십 개의 나라로 갈라져 서로 조금이라도 땅을 넓히기 위해 죽고 죽이는 어지러운 세상이었다. 그 모든 것이 쌀 때문이었고, 쌀은 곧 생명이었다. 쌀은 땅에서 나오는 것이기 때문에 땅을 빼앗기 위해 서로 싸우는 것은 어쩔 수 없는 일이었다.

다이묘들은 대부분 정략결혼을 했으며 적의 딸이나 그 핏줄을 아내로 맞았다. 노부나가는 자신의 자리를 노린다는 이유로 피를 나눈

형제들을 죽이고 삼촌들을 모두 없앴다. 그런 노부나가가 이에야스
와는 어떻게 평생토록 동맹을 깨지 않았는지 오랫동안 궁금해하던
후대의 사람들은 하나의 단어에서 그 해답을 찾았다.

바로 신뢰(信賴)였다.

이에야스는 1542년 미카와 오카자키의 다이묘 아들로 태어났다.
아버지 히로타다는 열일곱 살, 어머니 오다이는 열다섯 살이었다.

이에야스의 조부 기요야스는 25세에 갑자기 살해당했다. 당시 아
버지 히로타다는 열 살의 어린 소년이었다. 마쓰다이라(이에야스의
본래 성) 가는 히로타다를 권력자인 이마가와 요시모토에게 인질로
보내고 원조를 요청하여 살아남았다. 이에야스의 아버지 히로타다
가 오카자키로 돌아온 것은 2년 후였다.

그렇게 마쓰다이라 가는 이마가와 가의 우산 아래에서 전쟁의 세
찬 빗줄기를 피하고 있었던 것이다. 그러나 서쪽의 오와리 지역은
오다 노부히데(노부나가의 아버지)가 버티고 있어 위협을 받고 있었
다. 미카와와 오와리 사이에는 미즈노 가가 있었는데, 이에야스의 어
머니 오다이는 그 미즈노 다다마사의 딸이었다.

오다이의 아버지 다다마사는 오다 노부히데, 이마가와 요시모토
어느 누구와도 손을 잡지 않고 중립을 지켰다. 그러나 사실은 이마
가와 가문과 조금 더 가깝게 지내고 있었다. 그래서 마쓰다이라 가
는 오다 가를 견제하기 위해 다다마사의 딸과 히로타다를 정략결혼
시킨 것이었다. 그리고 그 사이에서 이에야스가 태어났다.

그러나 이에야스는 어머니와 세 살 때 헤어져야 했다. 그것은 외할아버지 다다마사가 죽고 뒤를 이은 외삼촌 노부모토가 오다 가 밑으로 들어갔기 때문이었다.

이마가와 가는 마쓰다이라 히로타다에게 배신자 노부모토의 여동생과 당장 헤어질 것을 요구해 왔다. 마쓰다이라 가신들은 이혼을 결정하고 오다이를 친정으로 돌려보냈다. 그리하여 아직 말도 제대로 하지 못하던 이에야스(당시 이름은 다케치요)는 어머니와 헤어져야 했던 것이다.

거기서 끝나지 않고, 요시모토는 후계자인 이에야스를 인질로 내놓으라고 요구했다. 힘없는 작은 나라는 혼자서 살아갈 수 없는 난세였다. 자존을 지키려면 힘이 있어야 했고 힘이 없으면 납작 엎드려 강한 나라가 시키는 대로 해야 하는 것이 당시 작은 나라의 운명이었다.

마침내 어린 이에야스를 인질로 보내는 것이 결정되었다. 그러나 길을 떠난 이에야스는 요시모토가 있는 슨푸로 간 것이 아니라 오다 노부히데가 있는 오와리로 갔다. 노부히데가 슨푸로 가는 이에야스를 중간에서 가로챘던 것이다. 노부히데가 어린 이에야스를 가로챈 것은 그를 인질로 하여 오카자키로 하여금 오다 가를 섬기게 하기 위함이었다.

그러나 이에야스의 아버지 히로타다는 "나는 자식에 대한 애정에 이끌려 의리를 저버리는 사람이 아니다. 그러니 애를 죽이든 살리든

맘대로 하라"며 거절했다.

그러자 노부히데는 화가 나서 어린 이에야스를 죽이려고 했다. 그때 노부나가가 나서며 말렸다.

「아버지, 그 애를 저에게 주십시오. 앞으로 도움이 될 듯합니다.」

이렇게 하여 어린 이에야스는 두 명의 어린 사무라이와 함께 오다 가에서 인질 생활을 시작했다. 노부나가는 노부히데의 장자이며 나고야의 성주였으니 둘의 신분은 하늘과 땅 차이였다. 노부나가의 나이는 열다섯, 이에야스는 그보다 여덟 살이 적은 일곱 살이었다.

여름이었다. 매미가 요란하게 울던 어느 날 노부나가는 참외를 가지고 이에야스가 있는 집으로 찾아갔다. 노부나가는 어린 이에야스가 어쩌나 보려고 참외 다섯 개가 든 자루를 이에야스 앞으로 던졌다.

「어이 꼬마, 먹어 봐.」

그러자 이에야스는 참외 자루 속에서 잘 익고 큰 참외 세 개를 골랐다.

「세 개를 준다고는 안 했다.」

「난 세 개를 주지 않으면 안 먹을 테야.」

이에야스가 말했다.

「욕심이 많구나, 너는?」

이에야스는 대답을 않고 자신을 바라보는 두 명의 시동을 향해 참외를 하나씩 주고는 자신은 제일 큰 것을 우적우적 씹어 먹었다.

노부나가는 그것을 바라보면서 맑게 웃었다.

「왓하하하…… 꼬마 넌 타고난 대장감이구나.」

먼 훗날 노부나가가 일본 제일의 실력자로 부상했을 때 그는 이때의 일을 이에야스에게 이야기한 적이 있었다.

「그때 나는 이에야스가 만만치 않은 영주가 될 것을 알았지.」

2년 동안 이에야스가 오다 가의 인질로 있을 때 노부나가는 그곳에 자주 놀러 왔다. 그러나 두 사람이 헤어질 시간이 다가오고 있었다.

마쓰다이라 가의 가신들은 이마가와 군의 지원을 등에 업고 오다 가의 땅인 안조 성을 공격하여 성주인 오다 노부히로(노부나가의 배다른 형이지만 정실이 아니라 측실이 낳아 장자로 인정받지 못함)를 포로로 잡았다. 그리고 그와 이에야스를 교환하자고 나왔던 것이다. 그리하여 인질 교환은 이루어지고 어린 이에야스는 오다 가를 떠나게 되었다.

그제야 비로소 이에야스는 슨푸의 이마가와 요시모토의 인질로 가게 된 것이다. 그리고 열아홉 살 때까지 요시모토의 무장으로 자랐다. 그사이 결혼을 하고 아이를 둘이나 낳았다. 그동안에도 그의 머릿속에서 노부나가의 이름이 지워지지 않았다. 이마가와 가와 오다 가는 적이었다. 그러므로 무장으로 자란 이에야스는 오다 가와 싸워야 했다.

이마가와 요시모토가 천하를 움켜쥘 욕심을 품고 교토로 상경할 때 이에야스와 그의 가신들은 선두에 서야 했다. 그리고 오다 가의 성을 몇 개나 함락시켜 노부나가를 괴롭혔다. 노부나가는 자신의 권위에 도전하는 사람은 누구든지 수단과 방법을 가리지 않고 제거하는 잔인함으로 가문과 주변 나라를 떨게 했다. 그런 그가 이마가와 편에서 자신에게 활을 쏘며 달려드는 이에야스를 미워하지 않은 것은 어릴 때의 믿음 때문이었다.

이마가와가 덴가쿠 골짜기에서 죽은 후 오카자키 성을 어렵게 되찾고 슨푸로 돌아가지 않는 이에야스에게 요시모토의 신분을 승계한 이마가와의 아들 우지사네는 처자식을 죽이겠다고 협박하면서 돌아오기를 권유했다. 이에야스의 처는 요시모토의 조카딸이니 우지사네와는 사촌간이었다. 그러나 이에야스는 돌아갈 생각이 애초부터 없었던 만큼 적절하게 거절하면서 오히려 노부나가와의 관계 개선에 힘을 기울였다.

그리하여 드디어 동맹을 맺는 날이 왔다. 이에야스는 22명의 가신만을 차출했다. 그 속에는 열네 살의 무사에서부터 예순 살이 다 된 무사도 있었다. 당연히 가신들은 위험하다면서 펄쩍 뛰었다. 하기야 아무리 동맹을 맺었다고 해도 언제 적으로 돌아설지 모르는 난세였으니 말이다. 그러니 아직 동맹도 맺기 전에 겨우 22명의 무사만을 거느리고 적진으로 간다는 것은 자살 행위나 마찬가지였던 것이다.

하지만 이에야스는 어릴 적 경험으로 노부나가가 어떤 사람인지 알았다. 쓸데없이 우쭐하여 어깨를 나란히 하려는 행동은 절대 금해야 했다. 반면 조금 자신을 낮추고 믿음을 주면 노부나가는 너무도 따뜻해졌다.

　이에야스가 노부나가의 영지인 기요스에 도착하자 양쪽 가신들은 이상하게 생각했다. 누가 보더라도 이에야스가 노부나가에게 항복을 하는 것인데, 이에야스의 태도가 너무도 당당했기 때문이었다. 노부나가도 항복을 받을 사람 같지 않게 성 앞까지 마중을 나와 있었다.

「어서 오시오. 어릴 적 모습이 아직 남아 있군.」

　이에야스는 자세를 단정히 하여 절을 했다. 이에야스가 절을 한다는 것은 목숨을 건 행동이었다. 노부나가에게 절을 했다는 것이 슨푸에 알려진다면 우지사네는 처자식을 효수시킬지도 모르고 이후 완전히 적으로 돌아설 것이었다. 즉, 할아버지, 아버지 대대로 이마가와 가를 모시던 관계의 끈이 잘리는 것을 의미했다.

　노부나가는 이에야스의 손을 잡아 일으키고는 항복이 아니라 동등한 동맹을 제의했다. 이에야스를 따라온 가신들은 모두 놀라는 표정이었다.

　'이것이 냉정하기가 날카로운 칼날 같다는 노부나가의 모습이란 말인가?'

　미카와의 무사들은 고지식하기로 유명했다. 그들은 천하가 알아주고 떠오르는 태양에 비유되는 노부나가가 항복이 아니라 화목을 요구하며 동맹을 청한 것이 미덥지 않았던 것이다.

　그러나 노부나가는 진심이었다. 그는 다른 다이묘와는 싸워도 이에야스와는 싸우고 싶지 않았다. 그가 대단해서가 아니라 그냥 그런 마음이 들었다. 모두가 꼴통이라며 따돌리고 진심을 보이지 않을 때 아우처럼 진정으로 따르던 인질 소년에게 그는 진정으로 순수하고 깨끗한 마음을 주었던 것이다.

공식 회견이 끝나고 만찬에서 술잔을 주고받은 노부나가는 이에야스에게 이렇게 말했다.

「동생, 내가 춤을 출 테니 그대도 답해 다오.」

그러고는 즐겨 부르는, 인생 겨우 50년…… 아츠모리를 부르며 부채춤을 추었다. 이에야스는 그 답례로 한바탕 춤을 추며 석가를 추앙하는 노래를 불렀다.

귀하고 천한 무리들은 염불을 외는구나.

날마다 밤마다 들려오는 불도의……

노부나가는 물론 이에야스도 이 동맹을 죽을 때까지 깨지 않았다. 그리하여 훗날의 일본인들은 이 동맹을 '신뢰의 동맹'이라고 불렀다. 이 동맹을 아름답게 본 경제인들은 동업으로 큰돈을 벌거나 오랜 시간 유지하는 사람들에게 '노부나가와 이에야스 동맹'이라는 꼬리표를 붙이는 데 서슴지 않았다.

노부나가 잉어 이야기

전국 시대 다이묘들의 결혼은 대부분 정략결혼이었다고 앞에서 말했다. 국경을 맞댄 나라끼리는 말할 것도 없고 조금 멀리 떨어진 나라들도 상대를 적으로 만들지 않기 위해 혼인을 맺어 친척이 되었다. 그러나 친척이 되었다고 하여 마음을 놓을 수는 없었다. 모두가 얽히고설킨 혼맥이라 나중에는 그것마저 정략이 되지 못한 까닭이었다. 정략이란 남이 하지 않을 때 선수를 쳐서 그 열매를 따는 것인데 너도나도 그렇게 하면 이미 정략이 아니라 흔한 관례가 되는 것이니까.

노부나가 역시 다이묘들과 정략결혼을 했다. 훗날 히데요시와 이에야스는 겹사돈이 된다. 아직 노부나가가 살아 있을 때에는 히데요시보다 이에야스의 신분이 더 높았다. 게다가 두 사람은 정략결혼의 필요를 느끼지 않았다. 하지만 노부나가와 이에야스는 달랐다.

노부나가는 이에야스와 동맹을 맺은 후 이에야스의 영지 쪽인 동쪽 국경을 지키는 데에는 힘을 쏟지 않고 군사를 다른 쪽으로 배치해 영토를 넓히며 상경을 저울질하고 있었다. 물론 능력 있다고 소문난 다이묘치고 상경을 꿈꾸지 않는 자는 없었다. 다케다 신겐도 우에스기 겐신도 기회를 잡아 상경을 노리고 있었다. 그것은 이름뿐인 천황과 쇼군을 손아귀에 넣어 천하를 도모하려는 대망이었다.

누가 보더라도 노부나가와 이에야스의 실력 차이는 산 정상과 바닥이었다. 그런 우위에 있으면서도 노부나가는 이에야스와 사돈을 맺어 그 자식들을 혈육으로 묶고 싶어 했다. 노부나가는 혼례 사자를 이에야스에게 보냈다.

「저희 주군(노부나가) 슬하에는 아홉 살 된 공주님이 계십니다.」

「내 아들도 아홉 살이니 그 둘을 맺어 주자?」

「그렇습니다.」

누구의 제안이라고 거절하겠는가. 이에야스는 생각할 겨를도 없이 혼례 사자에게 아들 노부야스의 결혼을 허락했다.

몇 년 후 노부야스는 장인인 노부나가의 명령으로 할복하는데, 훗날의 일을 알 리 없는 이에야스는 기쁜 마음으로 노부나가의 딸 도쿠히메를 며느리로 맞았다. 그런데 재미있는 것은 노부나가가 혼수 중에 기소 강에서 잡은 커다란 잉어 세 마리를 함께 보낸 것이었다. 다섯 자가 넘었다고 하니, 꽤나 컸던 모양이다.

혼례 사자는 이에야스에게 이렇게 말했다.

「저희 주군이 말씀하시길 한 마리는 나(노부나가)고 다른 두 마리
는 이에야스 님 부자 분이라고 생각하고 눈에 띄는 곳에서 잘 키
우라고 하셨습니다.」

이에야스는 그것 참 좋은 생각이라며 받았으나 사실 거기엔 노부
나가의 장난기 섞인 계략이 숨어 있었다. 당시엔 아무리 궁금하더라
도 친정아버지가 시집간 딸의 안부를 묻는 것은 점잖지 못한 행동이
었다. 그래서 생각해 낸 것이 잉어였던 것이다. 게다가 잉어를 핑계
로 이에야스 부자를 감시할 수 있을 것이라 생각했다.

「딸이 잘 있느냐고 묻기는 그렇지만 잉어가 잘 크느냐고 묻는 것
은 괜찮지 않은가. 그럼 이에야스도 알아듣고 딸의 안부를 전해
주겠지. 게다가 이 잉어들을 보면서 이에야스가 나를 생각하지 않
겠는가.」

노부나가의 생각대로 이에야스는 잉어를 잘 키우라고 집안의 시
종 우두머리인 스즈키에게 특별히 명령했다. 그리하여 잉어는 오카
자키 본성의 큰 연못에서 자라게 되었다.

결혼식을 올린 지 열흘이 지났다. 이에야스는 오랜만에 강으로 수
영을 하러 갔다. 그는 몸을 단련하는 데는 수영이 좋다고 생각했으므
로 어렸을 때부터 여름이면 수영으로 몸을 단련해 왔다.

이에야스가 수영을 하고 본성으로 돌아오는데 부엌에서 술에 취
한 흥겨운 노랫소리가 들려왔다. 이에야스는 눈에 띄는 시종을 불러
무슨 일로 술을 마셨느냐고 물었다.

「혼례식 때 남은 술과 안주를 먹고 있습니다.」

뭔가 이상하다고 느낀 이에야스는 주방장을 불렀다. 주방장 깅아미가 들어와 엎드려 절하며 말했다.

「주군, 수영은 잘하셨습니까? 술과 안주를 내려주셔서 감사하게 먹었습니다.」

머리를 박박 민 깅아미는 술기운이 올라 머리통이 새빨갰다.

「많이 취했구나. 술과 안주가 그렇게 많이 남아 있었단 말이냐?」

깅아미의 대답은 의외였다.

「오다 님이 일부러 주신 안주에다 주군이 내린 술이라고 하여 모두 기뻐하며 먹었습니다.」

「오다 님이 일부러 주신 안주라니? 호, 혹시 잉어를 말하는 것이냐?」

「맞습니다. 오늘은 우선 세 마리 중 한 마리만 잡았습죠. 어찌나 큰지 식구들 안주로 충분했습니다. 」

그러면서 기름이 묻은 입술을 혀로 날름 핥는 것이었다.

이에야스의 얼굴이 새하얘졌다. 다른 사람도 아닌 천하의 실력자 노부나가가 자신을 비유하고 또 이에야스 부자를 비유하여 보낸 잉어였다. 그런데 그 사실을 잘 아는 시종들이 그 잉어를 안주로 하여 술을 마시고 취해 있는 것이었다.

「스즈키, 스즈키를 불러라!」

이에야스의 언성이 높아졌다. 그제야 깅아미는 사태의 심각함을 깨닫고 허둥지둥 일어나다 자신의 옷자락을 밟고 비틀거리며 사라졌다.

이에야스는 이를 북북 갈며 칼을 뽑아 몇 번 휘둘렀다. 시종 주제에 소중하게 키우라는 자신의 말을 거역하다니. 이에야스는 오다 가에 대한 가신들의 반발을 알고 있었다. 혈기왕성한 가신들은 이에야스의 참을성을 노부나가 밑에 서는 행위라고 하여 탐탁지 않게 생각했다. 그들은 무사답게 싸우다 지면 죽을 뿐 남의 밑에 서서는 안 된다는 철학을 가지고 있었던 것이다. **세상살이는 계절과 같은 흐름이 있어 그 흐름에 이기려고 하지 말고 따라야 한다고 설명을 해도 요지부동이었다.**

이에야스는 문득 스즈키가 어디로 달아났으면 하고 생각하다가 머리를 흔들었다. 그때 뒷마당에서 스즈키의 목소리가 들렸다.

「주군!」

「너는 당장 들어오라는 소리를 듣지 못했느냐?」

「방을 피로 물들이기가 황공하여 뜰로 나왔습니다.」

뜰로 내려서며 이에야스가 물었다.

「대답해라. 어째서 내 명령을 거역했는지.」

스즈키는 말이 없었다. 그러자 이에야스는 더욱 화가 났다.

「왜 대답을 않나? 뉘우침이 없다는 말인가?」

「뉘우침은 없습니다. 제 모든 행동은 모두 주군을 위한 것입니다. 상대가 건방진 장난을 하기에 저도 맞받아쳤을 뿐이지요.」

「네가 잉어를 잡아먹음으로써 양쪽 집안의 우의에 금을 가게 했단 말이다.」

「허참, 이상하십니다. 노부나가 님도 그렇고 주군도 입만 열면 둘은 형제의 교제를 한다고 하지 않으십니까. 그래서 저쪽 장난에 맞장구를 친 것인데, 우의에 금이 가다니요?」

「너는 그런 것도 순순히 받아들이지 못하는 속 좁은 인간인가?」

「주군은 오다 집안을 너무 두려워하십니다. 그래서 주군의 생각에는 문제가 많습니다. 주군, 잉어는 물고기입니다. 그렇게 큰 물고기가 큰 강에 산다면 모를까 성안의 연못에서는 오래 살지 못할 것입니다. 잉어가 죽으면 주군은 우리 가신들이 잉어를 잘 돌보지 못해 죽었다고 하실 것입니다. 그래서 싱싱하게 살아 있을 때 시종들을 먹인 것입니다.」

스즈키는 그 말을 하고는 무릎을 꿇고 목을 쑥 내밀었다.

「이놈이! 제멋대로 생각하고 행동하다니, 용서할 수 없다!」

이에야스는 스즈키의 뒤로 돌아가 칼을 내밀었다.

시종이 덜덜 떨며 바가지로 칼에 물을 부었다. 이에야스는 흘끔 스즈키를 보았다. 스즈키는 모든 것을 체념한 듯 눈을 감고 편안한 얼굴이었다.

「스즈키.」

「예, 주군.」

「싸움터에서 죽으면 모르지만 잉어 한 마리 때문에 죽는다는 것이

억울하지 않느냐?」

「무사가 전장에서 죽기는 쉽습니다. 그러나 평소의 충성에 목숨을 거는 것은 더 어렵다고 아버님이 늘 말씀하셨습니다.」

「닥치고 대답만 해라. 잉어 한 마리 때문에 목을 베이는 게 충성이냐?」

「당연하지요. 제가 잘못했다면 벌써 달아났을 겁니다. 충성이라고 생각했으니 이렇게 목을 내밀고 있는 것이지요.」

「……깊이 생각하고 안주로 썼단 말이지?」

「제가 죽지 않으면 언젠가 다른 사람이 잉어를 죽였다고 벌을 받고 할복을 해야 할 테니까요. 제가 보기에 **주군은 잉어 한 마리와 가신 한 명의 값어치도 계산 못하십니다. 잉어는 잉어일 뿐, 더도 덜도 아닙니다. 그것을 가르쳐 드리려고 저는 죽는 것입니다.** 그렇더라도 주군이 명령하신 것을 듣지 않은 죄는 없어지지 않습니다. 저를 처벌하시고 앞으로는 그런 명령일랑 내리지 마십시오. 자, 주군, 그럼 베십시오. 기꺼이 죽겠습니다.」

이에야스는 문득 부끄러움으로 얼굴이 달아올랐다.

「스즈키.」

「옛, 주군!」

「내가 잘못했다. 미숙함을 용서해라. 오늘 일은 없던 걸로 해다오.」

스즈키는 움찔 물러나 꿇어 엎드렸다.

「네 말이 옳다. 스즈키, 그래 네 말처럼 잉어는 잉어다. 아무리 노부나가 님이 호의로 받은 것이라고 해도 물고기를 인간 이상으로 대우하다니…… 내가 미숙했다.」

스즈키의 어깨가 크게 출렁였다. 하지만 눈물을 흘리면서도 그의 얼굴 표정은 행복해 보였다.

이에야스가 천하를 잡을 수 있었던 이유는 훌륭하고 믿음직한 가신이 많았기 때문이다. 이 일화에 나오는 가신은 이름 난 무사도 아니고 한낱 시종의 우두머리에 불과했다. 다른 말로 하면 집사인 것이다. 그 집사마 저 이런 정도였다고 생각하니 이에야스의 가신이 얼마나 쟁쟁했는지 알 만하다. 사람을 거느리는 이들은 한 번쯤 음미해 볼 일이다.

대망형 인간 1호, 오다 노부나가

대망(大望)이란 말 그대로 커다란 희망이다. 그리고 야망(野望)이란 크게 무엇을 이루어 보겠다는 희망이다. 결국 둘은 같은 말이다. 일본인들은 이 대망의 첫 번째 서열에 오다 노부나가를 올려놓는 데 서슴지 않는다. 아니 당연하게 생각한다. 그리고 두 번째 서열에 히데요시를, 그다음에 이에야스를 올려놓는다. 물론 이 서열을 반대로 생각하는 학자들도 있다. 그 이유는 뭐니 뭐니 해도 일본 전국 시대의 피비린내를 가시게 한 사람은 이에야스였기 때문이다

하지만 노부나가 없이는 히데요시도 이에야스도 존재하지 않는다. 노부나가가 평화의 추수를 시작하지 않았다면 히데요시와 이에야스가 제아무리 뛰어났다고 해도 평화의 과실을 딸 수 없었고 일본의 통일은 늦어지거나 이루어지지 않았을 수도 있는 까닭이다. 하여 필자는 노부나가에게 대망형 인간 1호의 꼬리표를 붙이는 데 주저

하지 않았다.

1567년 11월 노부나가가 이나바 산성을 기후 성으로 명명하여 옮겨 온 지 얼마 되지 않았을 때였다. 천하통일의 대망을 꿈꾸는 노부나가에게 교토의 오기마치 천황으로부터 한 통의 편지가 전달되었다.

천황은 노부나가의 무용(武勇)을 칭찬한 후 간곡한 부탁의 말을 덧붙였다.

……아울러 부탁할 것은 그대 용기 있고 힘 있는 자여, 부디 그대의 그 용기와 힘센 팔뚝으로 황실의 빼앗긴 영지(領地)를 찾아 달라. 그렇게 되면 황실은 그대 오다 노부나가를 오래도록 잊지 않을 것이며…….

노부나가의 피는 뜨거워지기 시작했고 차근차근 상경 준비를 해나갔다. 노부나가는 미노를 정복한 후 천하포무(天下布武)라는 도장을 사용하면서 힘 있는 자들은 언제든지 덤비라는 신호를 사방으로 보냈다.

다음 해인 1568년 7월에는 피살된 아시카가 바쿠후의 제13대 장군 요시테루의 동생 요시아키가 아케치 미쓰히데를 앞세워 노부나가에게 몸을 의탁해 왔다. 이렇게 하여 노부나가는 뒷날 자신에게 반기를 들어 결국 죽음의 길을 걷게 한 미쓰히데를 만나게 되는 것

이다. 하지만 그날의 노부나가가 어찌 훗날의 일을 알았겠는가. 그
는 한 번 본 미쓰히데에 반하여 그를 아끼며 중하게 썼다. 게다가 굳
이 따지면 미쓰히데는 남남도 아니었다. 바로 자신의 정실부인 노히
메의 외사촌 오빠였기 때문이다.

어쨌든 후대의 사람들이 가슴을 떨며 경외해 마지않는 이 천재도
이때만큼은 자신을 죽일 자와 흥하게 할 자를 알아보지 못했다. 아
니 자신을 죽일 자를 중히 썼으니, 호랑이 새끼를 키운 것이고 믿었
던 도끼에 발등이 아니라 목을 날린 것이다.

노부나가는 자신이 상경하고 없을 때 공격을 받지 않기 위한 포석
으로 맏아들 노부타다의 아내로 다케다 신겐의 딸을 맞겠다고 약속
해 후방을 굳혔다. 노부나가의 아들과 다케다 신겐의 딸 둘 다 열한
살이었다.

드디어 9월, 노부나가는 요시아키를 앞세우고 대망의 상경을 성취
했다. 덴가쿠 골짜기에서 요시모토의 목을 벤 지 8년 후이고 이에야
스와 동맹을 맺고 미노의 사이토 가문을 멸망시키고 누이동생 오이
치를 아사이에게 시집보내는 등 참으로 애를 쓴 후의 상경이었다.

노부나가는 기후 성을 떠나 상경을 저지하려고 대항하는 롯카쿠
군을 일거에 박살 내고 무난히 교토로 입성했다. 그때까지 위세를
떨치던 마쓰나가와 미요시 일당은 노부나가의 세력에 밀려 교토에
서 황황히 물러났다.

요시아키는 노부나가의 옹호를 받아 세이이타이쇼군(征夷大將軍)

에 올랐다. 말할 것도 없이 그는 노부나가의 허수아비였다. 요시아키는 그 답례로 노부나가에게 관령이나 부장군의 직위를 내리려 했으나 노부나가는 코웃음을 치며 거절했다. 노부나가는 쇼군의 부하가 되는 일 따위에는 애초부터 관심이 없었다. 그는 오직 천하통일의 대망을 품고 있었던 것이다.

1568년과 다음 해인 1569년 노부나가는 서쪽의 다지마, 동쪽의 이세로 영역을 넓혀 나갔다. 그리고 조정이나 귀족들을 위하여 많은 양의 헌금을 자주 했다. 게다가 천황이 부탁한 영지를 되찾아 주었다. 또 멍청하지만 핏줄로서 쇼군이 된 요시아키를 위한다는 명목으로 니조 성을 훌륭하게 지어 주었다. 하지만 그 니조 성은 요시아키를 옥죄는 감옥과 다름없었다. 요시아키는 성을 나갈 때도 안전과 보호라는 이름으로 노부나가의 허락을 받아야만 했다.

조정이나 바쿠후의 영지를 지방에 정하더라도 그곳에 전쟁이 일어나면 쌀 한 톨 오지 않았다. 그런 사실을 너무도 잘 아는 노부나가는 황실의 경제가 어렵지 않도록 왕성의 시민들에게 쌀을 빌려주고 그 이자를 황실에서 받게 했다. 그렇게 되면 고작 10여 명의 하인만 부리는 오기마치 천황의 생활은 빠듯하게나마 이어 갈 수 있을 것이라는 계산에서였다.

노부나가가 그렇게 황실을 돌보기 전까지 황실의 담벼락은 군데군데 무너지고 아침저녁을 굶은 황실 하인들이 하릴없이 뻐끔한 눈으로 하늘을 쳐다보며 처지를 비관하곤 하였다. 공경들의 살이도 마찬가지였다. 그들은 살아가는 데 아무런 도움도 되지 않는 거창한 벼슬만 잔뜩 받았을 뿐 누더기 옷을 입고 먹을 것도 없는 구차한 생활을 하고 있었다. 그런 불행을 노부나가가 없앴으니 공경들과 황실의 일꾼들이 노부나가를 구세주로 믿고 따르는 것은 당연했다.

노부나가가 조정을 도운 것은 교토에 뿌리 내린 시민들의 환심을 사기 위한 전략이었다. **황실의 문짝 하나를 새로 다는 데도 노부나가는 가신들에게 맡기지 않고 자신이 직접 관장했다. 그러자 천황을 위시한 모든 공경들은 하찮은 일에도 노부나가를 찾았고, 자연히 모든 일은 노부나가를 통해서만 가능하게 되었다. 노부나가는 그것이 곧 실세(實勢)를 쥐는 길임을 잘 알았던 것이다.**

「노부나가 네놈이 나를 쇼군에 세웠다고 마음대로 가지고 논다만, 내가 네놈의 속을 모를 줄 아느냐!」

좋은 저택에 살며 배가 불러진 쇼군 요시아키는 노부나가의 손아귀를 벗어나 온전한 쇼군이 되고 싶었다. 그래서 그는 전국의 다이묘들을 자기 세력으로 끌어들이려고 끊임없이 획책하게 되었다.

1569년 정월, 노부나가는 전국의 다이묘들에게 천황과 장군의 명령이라는 이름 아래 교토로 모이라는 서신을 발송했다. 이 서신을 받고 교토로 올라오는 다이묘는 노부나가 자신에게 복종하겠다는 의사 표시이고, 움직이지 않는 자는 복종하지 않겠다는 의사 표시라는 소문을 전국에 흘렸다. 그러나 천황이나 쇼군의 명령이라고는 했지만 그 둘이 노부나가의 손바닥에서 놀고 있다는 것을 모르는 다이묘나 무사는 없었다.

노부나가가 계산한 대로 적대적인 다이묘를 제외한 다른 다이묘들은 교토로 상경했다. 그리고 사정이 있어 불참한 다이묘들은 불참의 이유를 소상히 밝혔다. 오지 않은 다이묘 중에 에치젠의 아사쿠라도 있었다. 에치젠은 관동, 중부의 너른 땅으로 그 동쪽에는 우에스기 겐신, 남쪽에는 다케다 신겐, 그리고 호조 우지야스가 남관동 일대에 바위처럼 버티고 있었다. 그들 나라들은 노부나가에게 모두 적대적이었지만 문제는 에치젠이 쇼군과 손을 잡았다는 데 있었다. 쇼군 요시아키는 아사쿠라를 위시해 다케다 신겐, 우에스기 겐신 등을 꼬드겼지만 그들은 선뜻 나서지 않았고 요시아키의 손을 먼저 덥석 잡은 것은 아사쿠라였다.

노부나가는 요시아키가 자신과 적대적인 다이묘들을 부추겨 자신을 제거하려는 의도를 읽고 있었다. 그는 요시아키가 얼마나 어리석은지 깨닫게 해주려는 게 아니라 자신의 천하포무를 위해서는 먼저 에치젠의 아사쿠라를 쳐야 한다는 결론을 이미 내려 놓고 있었다.

봄이 되자 오다·도쿠가와 동맹군은 왕도의 시민도 모르게 은밀히 에치젠으로 몰려갔다. 오다 군의 선봉은 높은 서열의 가신 시바다 곤로쿠였고, 제2진은 몇 년 전 요시아키를 앞세우고 노부나가에게 의탁해 온 신진 무장 아케치 미쓰히데였다. 노부나가는 요시아키라는 선물을 가져온 미쓰히데에게 대뜸 8만 석을 주는 무장으로 승진시킨 뒤 중하게 쓰고 있었다. 이에야스 군은 오다 군의 왼쪽 날개를 맡았다.

오다·도쿠가와 동맹군을 처음으로 맞은 적은 아사쿠라 요시카게의 동생 아사쿠라 가게쓰네였다. 가게쓰네는 필사적으로 오다의 동맹군을 막아 보려 애썼지만 헛일이었다. 그리하여 아사쿠라 군은 들판에서 산으로 후퇴하기 시작했다. 그런 아사쿠라 군을 오다·도쿠가와 동맹군은 느긋하게 뒤쫓았다.

여름이 끝나기 전 오다·도쿠가와 동맹군은 에치젠에서 아사쿠라·아사이 동맹군을 무너뜨렸다. 결국 아사쿠라와 아사이는 고작 두 달을 더 버티려고 거함 노부나가와 이에야스 동맹 호를 작은 거룻배로 막아선 것이었다.

똥을 된장이라 우긴 이에야스

도쿠가와 이에야스는 전투에서 패배를 여러 번 겪었다. 이에야스를 주제로 한 소설이나 처세서를 읽다 보면 '싸움에 승패는 늘 있기 마련이다'라는 대목이 많이 나온다. 한창 때의 이에야스에게 엄청난 패배를 안겼던 사람은 노부나가도 아니고 히데요시도 아니며 뜻밖에도 다케다 신겐이었다. 후대의 일본인에게 다케다 신겐은 멋진 무사의 전형으로 통한다. 그리하여 신겐은 전국 시대 무장의 인기투표에서 늘 상위권을 차지하고 있다.

다케다 신겐을 대표하는 것은 무적의 혹은 가공할 공격력의 기마대다. 그 기마대는 풍림화산(風林火山)이라는 깃발을 앞세워 더욱 유명해졌다. 『손자』 군쟁편에 있는 풍림화산은, 빠르기는 바람과 같고, 잔잔하기는 숲과 같으며, 공격할 때는 불길과 같고, 움직이지 않으면 산과 같다는 뜻이다.

도쿠가와 이에야스는 다케다 신겐에게 혼이 난 후 자신이 다스리는 병법을 모두 다케다 신겐 식으로 바꾸었다. 하지만 시대는 노부나가와 이에야스의 편이라서 다케다 신겐의 풍림화산은 멸망하고 말았다. 이에야스가 다케다 신겐에게 혼이 날 때의 나이는 서른한 살, 노부나가는 서른아홉 살, 다케다 신겐은 쉰두 살이었다.

신겐은 베일 속의 무장이었다. 그는 자신을 닮은 가짜를 대여섯 명이나 뒀다고 알려지고 있다. 또 그는 머리를 깎고 중처럼 생활했으며 선(禪)에도 깊은 조예가 있었다. 병법에 밝고 무엇보다 상대의 심중을 알아보는 데에도 비상한 능력을 지녔던 신겐이 천하를 잡기 위해 벼르던 상경을 하면서 이에야스의 미카와를 통과해야만 했다. 두 무장의 만남은 운명 바로 그것이었던 것이다.

다케다 신겐에게 20년 된 숙적이 있었는데, 그는 에치고의 우에스기 겐신이었다. 이름의 앞뒤만 서로 다른 이 무장들은 서로 간의 싸움을 즐기는 듯했다. 20년 동안 북국의 명물인 눈이 녹으면 우에스기 겐신이 싸움을 걸든, 다케다 신겐이 싸움을 걸든 두 나라는 늘 싸워 왔다.

다케다 신겐 쪽에서 보면 우에스기 겐신은 어떤 조건으로 내걸어도 넘어가지 않고 화친에도 응하지 않는 참으로 어쩔 수 없는 옹고집이었다. 그것은 우에스기 겐신 쪽에서 봐도 마찬가지였다. 그러므로 상경 기회를 노리면서도 신겐과 겐신은 서로를 견제하고 방어하느라 그 기회를 놓쳤다.

「겐신이 아니었으면 이마가와 요시모토가 죽었을 때 나는 상경했
   을 것이다.」

다케다 신겐은 그렇게 말하면서 이를 으드득 갈곤 했다. 그런 그
에게 지난겨울 쇼군 요시아키로부터 상경해 달라는 은근한 밀서가
도착했다. 노부나가 타도의 동맹도 어느 정도 완성되었고 동쪽과 서
쪽에서 오다 군을 치며 수군으로 배후를 칠 준비도 마친 뒤였다. 그
외에도 준비는 이미 철저하게 끝마쳤다는 내용이었다.

노부나가는 지난해 폭동을 일으킨 죄를 물어 히에이 산의 엔랴쿠
사 등을 모조리 불태우는 폭거를 단행했다. 엔랴쿠사는 다이묘 못지
않은 세력을 확보하고 있었다. 그런 엔랴쿠사가 있는 히에이 산의
사방을 막고 산 전체를 태우는 바람에 몇만의 승병과 종교 관련자들
이 불에 타 죽었다. 부녀자도 많았다.

그러자 온 일본이 놀라며 노부나가를 무서워했다. 신겐은 이번이 상
경의 마지막 기회라고 생각했다. 그의 나이 쉰둘, 이제 더 이상은 상경
을 늦출 수 없는 상황이었다. 그동안 주변국 땅을 빼앗아 1백20만 석,
1만 석당 2백 50명의 비율로 치면 군사는 3만여 명이 된다.

상경하는 데 불안한 요인은 단 하나 에치고의 우에스기 겐신이었
다. 그런데 그 겐신은 잇코종(一向宗) 폭도들 때문에 신겐에게 고개
를 돌릴 정신이 없었다. 물론 폭도들을 들쑤신 것은 신겐이었다. 게
다가 겨울이 시작돼 눈이 오면 겐신의 발은 저절로 묶일 것이었다.

1572년 10월, 모든 준비를 마친 다케다 신겐이 상경 길에 오르자 정작 입장이 곤란하게 된 것은 도쿠가와 이에야스였다. 마치 오래전에 노부나가의 오와리를 지나는 요시모토와 같은 상황이었다.

「싸우느냐 아니면 그냥 지나가게 하느냐.」

모른 체하고 있으면 신겐은 시간과 물자를 아끼려고 이에야스를 치지 않고 통과할 것이다. 그러나 그것은 이에야스가 다케다 가문에 예속된다는 의미도 되었다. 이에야스는 당장 노부나가에게 원군을 요청했다. 노부나가도 원군을 보낼 수밖에 없었다. 이에야스와 맺은 동맹 때문만이 아니라 미카와에서 신겐 군을 막지 않으면 결국 자신의 영지에서 막아야 하기 때문이었다.

12월 초순에 도착한 원군은, 기대보다 적은 3천 명이었다. 원군을 합쳐 하마마쓰 성의 이에야스 군은 8천 명, 신겐 군은 3만 명이었다. 이에야스 군은 더 있었지만 오카자키 성이며 각각의 성을 지키고 있어 빼올 수가 없었다. 빼오면 인근의 나라가 당장에 그 성을 집어삼킬 것이기 때문이었다. 그런 식으로 계산하면 신겐의 군사도 3만 명보다 훨씬 많았다.

이에야스의 가신들은 성을 베개 삼아 농성하자는 쪽으로 기울었다. 며칠 동안 그런 의견을 주고받는 중에도 이에야스는 한마디도 하지 않고 물어뜯을 듯 가신들을 노려보기만 했다. 그런 상황에서 다케다 군이 하마마쓰 성으로 오지 않고 진로를 서쪽으로 틀었다는 보고가 들어왔다.

「주군, 다행입니다. 싸우지 않고 적을 보낼 수 있습니다. 적이 지나 간 다음 뒤를 칠…….」

「못난 것들 같으니!」

이에야스가 소리치듯이 내뱉고는 말했다.

「다케다 군은 내일 덴류 강을 건넌 다음 마카다카하라로 올라올 것이다. 그곳은 한번 멋지게 붙어 볼 만한 곳이다.」

마카다카하라는 하마마쓰 성의 북쪽에 있는 고원으로 황무지였다. 그곳에서 이에야스는 다케다 신겐의 가공할 기마대를 맞아 싸우겠다는 것이었다. 모두 턱이 떨려 말이 나오지 않았다. 그러나 전국 시대의 무사들이 후대에도 아름답게 비쳐지는 것은 너무도 순백했기 때문이었다.

칼을 찬 자는 계약에 의해 남의 가신이 된 그 순간부터 충성과 순종밖에는 생각하지 않는다. 물론 때로는 주군의 잘못된 생각을 고쳐주기도 하고 이견을 달기도 한다. 하지만 그 주군이 의견을 받아 주지 않고 오히려 사지로 내몬다면 더 이상 한 치의 반항도 못하는 것이다. 그대로 그 자리에서 끝까지 최선을 다하다가 죽을 뿐이다. 그것이 세계인들이 고개를 절레절레 흔드는 사무라이 정신이다.

이 전국 시대의 사무라이 정신은 그 후 일본 문화를 형성하고 일본인의 인성(人性)을 형성했다. 그리하여 대국과 벌인 전쟁에서 두 번이나 세계인의 예상을 깨고 승리했던 것이다. 바로 청일 전쟁과 러일 전쟁이다. 죽음을 불사하는 이들의 정신은 전국 시대 무사들에게서 이어받은 것이다. 무사라고 하여 죽음이 두렵지 않은 것은 아니었다. 다만 두려워해서는 안 되는 상황이 무사들의 두려움을 덮을 뿐이었다.

운명을 바꿔서 살려고 해도 다른 길이 없었다. 주인 없는 천민으로 모진 핍박을 받으며 이리저리 떠돌다가 죽어 가는 것이 주군을 배신한 무사의 최후였다. 묵시적으로 다른 다이묘를 배신하고 온 무사는 재주가 여간 뛰어나지 않는 한 아무도 써주지 않았던 것이다. **남의 가신을 빼오면 내 가신도 남이 빼앗아 간다는 원칙 때문이었다. 그러나 용감하게 전장에서 죽으면 그 가족은 보호받고 무사의 이름은 사람들 가슴과 입에 오래도록 남았다. 그런 사정으로 무사들은 용감했고 물러설 줄 몰랐던 것이다.**

날이 밝았다. 대결에서 패하면 교체할 예비군도 없었다. 게다가 전방을 뺀 3면은 벼랑이었다. 이에야스는 한마디로 마지노선을 친 것이었다.

「진세는 학익진(鶴翼陣)이다.」

모두 이상하게 생각했다. 학익진이란 병사를 횡렬로 정렬시키는 것으로, 본래는 많은 병력을 거느린 쪽에서 소수의 적을 포위하기 위해 구축하는 전략인 까닭이었다. 하지만 누구의 명이라고 거역하겠는가. 이에야스 군은 다케다 기마대와 싸우기 위해 학익진을 펼쳤다.

이에야스가 이날 학익진을 펼친 이유를 두고 후대의 많은 학자들이 땀을 흘렸다. 그러나 죽은 이에야스는 말이 없고 사료에도 이에야스의 마음 따위는 적혀 있지 않았다. 결국 작가는 작가대로 학자는 학자대로 그날 이에야스의 심정을 유추할 수밖에 없었다.

마카다카하라에서 신겐은 어린진(魚鱗陣)을 폈다. 어린진은 종대로, 어느 한 진이 패하더라도 결코 본진에는 접근할 수 없는 견고한 진이었다.

거대한 어린진이 움직이자 이에야스 가신들은 마지막으로 주군에게 건의하기로 했다. 이에야스는 걸상에 앉아 화톳불을 사르게 하고 팔짱을 낀 채 오만하게 앉아 있었다.

「주군, 적은 예상 밖의 대군으로 열 몇 겹의 어린진을 치고 있습니다. 아무리 싸워도 그 끝이 알 수 없을 것입니다. 주군, 아군이 성내로 물러나면 신겐은 싸우지 않고 지나갈 것입니다.」

「못난 것들! 그런 것은 6개월 전부터 알고 있었다. 쓸데없는 말을 하여 사기를 꺾지 마랏!」

「주군, 그냥 물러나자는 것이 아닙니다. 이 불리한 벼랑가의 싸움을 피한 다음 적이 지나가면 그 뒤를 습격하자는 것입니다. 그렇게 한다고 해도 승리는 기약하기 어렵습니다. 하지만 충분히 무사의 면목은 세울 수 있습니다.」

「닥쳐라! 너희가 생각하는 걸 내가 생각해 보지 않은 줄 아느냐. 겁쟁이들 같으니라고! 우리가 동요하면 오다의 원군이 싸울 것 같으냐? 그리고 돌아가서 뭐라고 할 것 같으냐?」

드디어 탕탕, 공격을 알리는 총소리가 났다. 다케다의 마름모꼴 깃발과 도쿠가와의 세 잎 접시꽃 깃발이 서로를 향해 다가가고 있었다. 바람이 일고 가루눈이 날리기 시작했다. 양군이 맞붙고 얼마 있지 않아 오다의 원군이 무너졌다.

오다의 원군이 패주한다는 보고를 받은 이에야스는 말을 탔다. 본진이 직접 출전하는 것이었다. 난전이 시작됐다. 이에야스의 본진이 움직이자 다케다 군에서는 질서정연하게 치고 나왔다.

「주군을 지켜라! 총알과 화살이 날아올 것에 대비해 주군을 감싸라!」

이에야스 본진의 공격으로 다케다의 선봉이 주춤했다. 그걸 본 이에야스가 달려 나가며 외쳤다.

「지금이다. 적을 무찌를 때는 지금이다. 따르라!」

그러나 주춤거리며 둘로 갈라진 다케다 군 뒤로 싱싱한 고깃비늘 같은 기마대가 홀연히 나타났다. 그것이 바로 어린진의 장점이었다. 다케다 군의 움직임이 빨라지고 여기저기서 총소리가 후두둑거렸다.

순식간에 약 3백의 시체를 남기고 도쿠가와 군은 흩어졌다. 이에야스는 어디로 어떻게 가는지도 모른 채 말을 몰았다.

오른편 숲 속에서 함성이 들리며 적이 쏟아져 나왔다. 다케다 군의 복병들이었다. 그때 이에야스가 탄 말의 재갈을 잡는 무사가 있었다.

「누구냐?」

「주군, 성에서 마중 나온 마사키치입니다. 이곳은 저희가 맡겠으니 빨리 귀성하십시오.」

「마사키치, 날아간다면 모를까 이 난전에서 살아 돌아갈 수 있을 것 같으냐?」

마사키치는 더 이상 말을 않고 이에야스가 탄 말의 허벅지를 칼로 찔렀다. 말은 미친 듯 소리를 지르며 숨이 넘어갈 듯 달리기 시작했다. 뒤에서 이런 말이 들렸다.

「이에야스의 최후의 싸움, 모두 나를 따르라!」

「와와!」

20여 기가 소리치며 일제히 적군을 향해 달려가는 소리가 들렸다. 적군은 마사키치를 이에야스로 알고 덤벼들었다. 그리고 끝이었다. 그들은 한 명도 살아오지 못했다.

이에야스는 사색이 되어 성문 앞에 다다랐다. 어느새 저녁이 되어 있었다. 한두 시간 싸우고 종일 도망친 기억이 새록새록 뇌리를 긁었다. 점심도 먹은 기억이 없었다. 그런데도 노곤함이나 허기가 느껴지지 않았다. 멍한 정신으로 성문을 지나, 실컷 몽둥이찜질을 당한 듯한 모습으로 이에야스는 본채의 마당에서 말을 내렸다. 측근 무사 다다요가 말고삐를 받으며 입을 벌리고 웃었다.

「주군은 겁쟁이십니까?」

「뭐, 뭐라고?」

「그렇지 않다면 이 안장 위에 묻은 똥은 어떻게 된 겁니까? 놀라서 똥을 싸셨군요.」

「내가 똥을……」

이에야스는 어찔한 몸을 겨우 나누며 안장 위의 그것을 만지고 냄새를 맡더니 다다요의 따귀를 후려갈겼다.

「못난 놈, 이것은 점심 반찬으로 허리에 찼던 된장이다. 이게 어디 똥이냐?」

그러고는 안으로 들어가 두 공기의 밥을 먹고 벌렁 드러누워 코를 골았다. 다다요는 그걸 보면서 안심했다. **똥을 싼 것을 안 이에야스는 부끄러워하기는커녕 모두의 사기를 생각해 된장이라고 소리치며 자신을 혼냈다.** 자신이 똥이라고 놀린 것도 사실은 사색이 된 이에야스를 위로하기 위해서였다. 그런데 이에야스는 그보다 한 술 더 떴던 것이다. 그 바람에 성안에서 숨을 죽이고 있던 무사들은 사기를 재충전할 수 있었다.

후대의 일본인들은 이에야스가 졌지만 자신의 패배에 굴복하지 않은 것에 많은 갈채를 보냈다. 하지만 가만히 생각해 보면 그것도 모두 이에야스가 훗날 천하의 주인이 되었기에 있을 수 있는 평가다. 왜냐하면 역사는 종종 최후의 승자의 편이 되는 까닭이다. 게다가 **사가들은 한 술 더 떠 미카와 군 1천여 명의 전사자는 조사 결과 적에게 등을 보인 시체가 한 구도 없었다고 적어 놓았다.** 순식간에 모두가 죽은 것이 아닌데 어쩌면 그럴 수 있는가 시비를 거는 일본인은 없다. 오히려 그들의 용감함이 자세히 표현되지 않았다고 불평은 할지라도.

역사가들은 또 패한 이에야스에게 도카이도(東海道) 제일의 무사
라는 꼬리표까지 달아 주었다.

가문을 위해서라면 아들도 희생시킨다

일본 전국 시대에는 이해하기 힘들 만큼 사람의 생명을 아무렇지도 않게 여겼다. 한 명의 다이묘를 살리기 위해 수백 수천 명의 군사를 대신 죽게 하는 일이 허다했고, 사정이 급박하면 서로가 서로를, 나아가 가신이 할복하는 주군의 목을 쳐 고통을 없애 주는 것을 미덕으로 알았다. 목을 제대로 치지 못해 칼이 빗나가 머리를 치거나 어깨를 쳐, 죽는 자를 고통스럽게 하는 칼잡이는 두고두고 실력을 무시당했다. 단칼에 목이 떨어져야 훌륭한 칼놀림이라는 찬사를 받았던 것이다.

일본인을 이해하기 위해 일본과 연관된 글이라면 닥치는 대로 읽어 댄 지 15년이 넘었다. 그리하여 이제는 제법 일본인을 이해하지만 아직도 개운하지 않은 것이 몇 가지 있다. 이런저런 것들 중에서 옛 무사들이 자살로 택한 할복이 그중에서도 단연 첫째다. 인간이

자살을 하면서 왜 하필 배를 가르는 고통을 참아 내고 멋을 내는지 아무리 너그럽게 이해하려 해도 납득이 되지 않는 까닭이다. 배를 가르는 자의 고통을 없애기 위해 목을 쳐주는 행위도 마땅치 않았고 오히려 기분이 찜찜했다.

게다가 죽은 자를 놓고 훌륭한 자결이니 멋진 결말이니 하는 찬사를 늘어놓을 때면 일본인들이 정말 야만인으로 보였다. 그런데 그 야만인들의 국가는 우리와 비교도 할 수 없을 만큼 튼실하고, 지정학적 이유가 있다고 하지만 아직 타민족으로부터 유린을 당한 적이 없다.

필자는 그 비밀이 바로 일본의 전국 시대에 있다고 생각한다. 1백 년이 넘는 기간 동안 한 치의 땅을 뺏기 위해 싸웠던 그 역사가 바로 오늘의 일본을 있게 한 것이다.

할복은 일본인의 마지막 자존이었다. 그러므로 말로는 다할 수 없는, 가슴이 터질 것 같은 억울함을 표현하기 위해, 어쩌다 지은 죄를 용서받지 못하더라도 가족만은 살리기 위해, 혹은 주군에 대한 충성심을 확인시키기 위해서 이용되었다. 어쨌든 더 이상 물러설 곳이 없을 때 할복이 행해졌다.

하지만 아주 특이한 할복도 있었다. 바로 주군에게서 잘못에 대한 정확한 지적 없이 할복을 명 받는 것이 그것이다. 이때의 할복은 정치적인 뜻을 띤다. 이 할복은 자칫 역효과를 불러일으킬 수도 있었기에 명을 내리는 다이묘도 어쩔 수 없을 때만 이 방법을 썼다. 그래도 문제는 많아, 고분고분 명령을 받는 이가 있는가 하면, 억울하다며 할복 명령을 거부하는 이도 있었다. 막줄에게 할복 명령이 내려지는 게 아니라 무사 계급에만 그런 명령이 내려졌기 때문이다.

이에야스의 맏아들 노부야스가 장인인 노부나가로부터 할복하라는 명령을 받았을 때, 노부나가·이에야스 동맹에 위기가 찾아왔다. 역사가들은 이 사건으로 이에야스가 얼마나 인내심 강한 인간인가를 보여 줬다고 말한다. 하지만 냉정하고 용기 있는 몇몇 사람들은 아들이 배를 가르는데 그대로 둔 이에야스를 비굴한 인간의 전형이라고 평가하기도 한다.

미카와 오카자키 성에는 이에야스의 장남 노부야스와 노부나가의 딸 도쿠히메 부부가 살고 있었다. 또 아래 성에는 요시모토의 조카이자 이에야스의 정실부인인 쓰키야마가 기거하고 있었다. 쓰키야마는 이에야스보다 나이가 다섯 살 정도 더 많았다.

이에야스를 주인공으로 하는 소설이나 전기에는 쓰키야마의 성격이 표독하고 질투가 심하며 걸핏하면 남편인 이에야스를 무시하고 미워하며 앙탈을 부리는 여인으로 묘사되어 있다. 너나없이 모두가 그렇게 묘사하는 걸로 봐서 정말이지 그녀는 차분하고 정숙한 성격하고는 거리가 멀었을 것으로 짐작된다.

쓰키야마는 줄곧 요시모토를 친 노부나가를 철천지원수로 여겼다. 그래서 노부나가의 딸을 며느리로 맞을 때도 길길이 뛰며 반대했지만 이에야스는 이를 무시하고 정략결혼을 성사시켰다. 이에야스는 노부나가가 요시모토를 없앴을 때 슨푸로 돌아가지 않고 자신의 옛성인 오카자키로 갔다. 그리고 슨푸에 인질로 있는 아내와 장남 노부야스, 딸을 데려오느라 많은 공을 들였다. 쓰키야마는 남편이 슨푸로 돌아올 줄 알고 기다리다가 불만을 품고 미카와로 왔던 것이다.

이때부터 쓰키야마와 이에야스의 부부 생활은 삐걱거렸고 결국 별거를 하게 되었다. 이름만 부부였지 그들은 이미 남보다 더 서로를 인정하지 않았고 오히려 경멸하고 미워하는 사이였다. 이에야스는 쓰키야마에게 질려 다시는 집안이 좋은 여자를 맞아들이지 않았다. 이는 신분이 천해 늘 최고의 가문에서 측실을 데려온 히데요시와 정반대되는 행동이었다.

당시는 능력이 되면 여러 명의 여자를 측실로 두는 것이 관례였다. 이에야스도 이 관례에 따라 많은 측실을 두었지만 거의 모두가 이름 없는 가문의 전쟁에서 남편을 잃은 아이를 가진 과부이거나 혼기를 놓친 여자들이었다. 이에야스는 여자란 잠자리 시중을 잘 들고 아이를 잘 낳기만 하면 된다고 생각했던 것이다.

노부나가를 원수로 생각하는 쓰키야마가 며느리 도쿠히메에게 잘 대해 주었을 리 만무다. 게다가 불행히도 도쿠히메는 아들을 낳지 못했고 딸만 내리 셋을 낳았다.

「아들을 낳지 못하는 여자는 무시해도 좋단다. 아들아, 내가 고르고 고른 여자이니 곧 아들을 낳아 줄 것이다.」

쓰키야마는 노부야스에게 한 여자를 소개했는데, 알고 보니 다케다 집안에서 첩자로 훈련받은 여자였다. 물론 처음엔 쓰키야마도 그런 사실을 몰랐다. 노부야스는 이 미녀를 보자마자 마음을 빼앗겼다.

남편을 빼앗긴 분노와 고부 갈등으로 도쿠히메는 아버지 노부나가에게 자주 편지를 써 보냈다. 그 편지 속에는 은밀히 떠도는 쓰키야마 부인과 의사의 불륜이며, 남편의 측실이 다케다 가문의 여자라는 내용도 들어 있었고, 시어머니와 남편이 다케다 가문과 내통하고 있다는 내용도 씌어 있었다.

사료에 의하면 쓰키야마는 다케다 가쓰요리에게 오카자키 성을 공격하면 즉시 성문을 열고 호응하겠으니 이 영지는 그대로 아들 노부야스가 다스릴 수 있도록 해달라는 편지를 보냈다. 향을 종이에 싼다고 그 냄새까지 없앨 수는 없듯 쓰키야마는 불륜과 적과의 내통 사실을 온전히 숨길 수 없었던 것이다.

1579년 이런 편지를 받은 노부나가는 분노가 극에 달해 도쿠가와 가로(家老)인 사카이 다다쓰구를 불렀다. 이미 노부나가는 도쿠가와 가신을 마치 자신의 가신처럼 부르는 위치에 올라서 있었고 기분은 나빴지만 이에야스도 이를 말릴 수는 없는 처지였다. 게다가 노부야스는 성격이 어미를 닮아 몹시 포악했다. 정실인 도쿠히메를 따라온 시녀가 마음에 들지 않는다고 안방에서 벤 사건은 측근들까지도 경악하게 만들었다. 그 밖에도 특별한 이유 없이 많은 살상이 이뤄졌다. 노부나가는 그런 것들을 지적했던 것이다.

다다쓰구는 노부나가가 마치 자신의 손바닥을 들여다보듯 노부야스의 잘못을 짚어 나가자 인정하지 않을 수 없었다. 다만 쓰키야마 부인과 한편이 되어 노부야스가 다케다 가문과 내통했다는 것만은 절대 아니라고 부인했다.

「하나를 보면 열을 알 수 있다고 했다. 그저 소문이 아닐지 모른다. 아니 땐 굴뚝에는 연기가 날 수 없는 법, 노부야스와 그 어미에게 할복을 명한다.」

이에야스는 어렸을 때부터 노부나가의 성격을 누구보다 잘 알고 있었다. 그래서 지금껏 한 번도 지시를 거부한 적이 없었다. 하지만 아내와 자식을 죽이라는 명령에는 손과 턱이 떨릴 지경이었다.

예전의 노부나가는 이에야스를 혈육 이상으로 자상히 대했다. 그러나 지금은 천하의 지배자가 된 그가 자신의 아내와 아들을 죽이라고 한 것이다. 노부나가는 노부야스의 성격과 혈통을 마음에 들어하지 않았다. 자신이 생각해도 노부야스는 성격이 포악하다. 그리하여 중신들에게 존경을 받지 못했다. 게다가 그 어미가 다케다 가문과 내통했으니 어찌 노부나가의 칼날을 벗어날 수 있겠는가.

노부나가 쪽에서 볼 때 그런 인간이 만에 하나 아버지 이에야스와 사이가 나빠져 다케다 가쓰요리와 결탁이라도 한다면 미카와 동쪽의 질서는 무너지게 될 것이었다. 바로 그런 문제 때문에 노부야스를 자결케 하는 것임을 이에야스는 알고 있었다. 그의 가슴은 예리한 칼날로 그어 대는 것처럼 아파 왔다.

이에야스는 먹지도 않고 3일 동안을 앓았다. 후회가 밀려왔다. 사이가 나쁘다는 걸 짐작했으면서도 원수지간인 시어머니와 며느리를 같은 성(오카자키)에 살게 한 것이 무엇보다 큰 잘못이었다. 결국 며느리 도쿠히메는 친정아버지에게 자신의 처지를 하소연했을 것이다.

이에야스가 있어 동쪽은 안심하고 서쪽으로 뻗어간 노부나가. 결국 노부나가는 이에야스를 위해 동맹을 맺은 것이 아니라 자신의 이익을 먼저 생각했던 것이다. 하지만 난세에 그런 동맹은 숱하게 많았다. 이에야스의 경우도 다케다 신겐, 우에스기 겐신과 동맹을 맺은 것은 물론 다른 다이묘들과도 사정이 되는 한 맺고 보았다.

이에야스는 이제 노부나가가 거대한 산으로 보였다. 그 산과 대적하는 것은 가문의 멸망을 뜻했다. 3일 동안 앓은 이에야스는 결심했다.

'가문을 위해 노부야스를 희생시키자.'

그리고 스스로 노부야스의 목을 벤 후 그 목을 아즈치 성에 있는 노부나가에게 보내려고 생각했다.

「노부야스에게 이런 잘못이 있기에 아비인 제가 베었습니다.」

물론 노부나가의 할복 명령은 못 들은 것으로 하고 말이다.

여기서 일본의 역사학자들과 작가들 목소리는 제각각이다. 충격적이지만 이에야스가 아들 노부야스를 죽이기 위해 노부나가를 이용했다고 하는 학자들도 있다. 그들의 논리는 이렇다.

첫째, 다다쓰구가 노부나가에게 가서 도쿠히메의 편지 내용이 사실이라고 순순히 시인한 점. 사카이 다다쓰구는 이에야스의 오른팔이라고 할 수 있는 사람이다.

둘째, 노부나가로부터 할복 명령이 있었던 다음 자기 자식을 살리기 위해 필사적으로 변명하지 않은 점.

셋째, 이에야스는 자신의 대망을 성취하기 위해 점점 과격해지는 아들의 성격에 위험을 느껴 처벌하기로 결심했다는 점. 노부나가와 이를 은밀히 상의하기 위해 다다쓰구를 아즈치 성으로 파견했다는 것이다.

이에야스는 그전에 노부야스의 성격을 고치려고 했다. 몇 번이나 하마마쓰와 오카자키를 왕래하면서 아들을 설득했다. 때로는 아버지와 아들이 크게 다툰 적도 있었다. 그러나 노부야스의 행동은 더 과격해져 갔다. 툭하면 술을 마시고 사람을 죽였으며 가신들을 몰아붙였다.

이에야스는 이대로 가면 아들이 일부 가신들의 의심대로 다케다 가문과 내통하여 오다와 도쿠가와를 등질지도 모른다는 위기감을 느꼈다. 만약 노부나가가 그런 기미를 눈치 챈다면 이에야스의 목을 치려 할 것이었다. 이에야스의 앞뒤에는 일본 최강인 오다 군과 다케다 군이 있었다. 어느 가문이든 양쪽에서 그런 강한 군대의 공격을 받는다면 멸망할 것은 자명한 일이다.

이에 이에야스는 노부야스를 할복시키기로 결심했다. 그러나 자신이 할복을 명하면 가신들의 동요가 있을 것이었다. 노부야스에게 충성을 맹세한 가신도 꽤 되었기 때문이다. 그리하여 노부나가의 힘을 빌려 맏아들을 제거했다는 것이 그들의 논리다.

아무리 실력 위주로 살아가고 전국 시대라는 피비린내 나는 역사를 가지고 있는 일본인들의 논리지만 참으로 씁쓸하지 않을 수 없다. 하지만 4백여 년의 시간을 거슬러 올라가 이에야스를 만날 수 없으니 속 시원히 밝힐 수도 없다. 다만 자칫 낭비인 듯한 이런 논쟁을 되풀이함으로써 일본이 발전한 것은 아닐까 하는 생각이 들 뿐이다.

노부야스는, "아버지 억울합니다"를 외치면서 할복했다. 그보다 보름 전 이에야스는 쓰키야마를 베었다. 노부야스의 나이 그해 스물한 살이었고 쓰키야마는 마흔네 살이었다.

일본인의 끈질김은 전국 시대에 형성됐다

1972년 1월 30일, 요코이 쇼이치라는 이름의 한 일본 병사가 28년 만에 괌의 밀림에서 발견되어 세상을 놀라게 했다. 그리고 2년 뒤인 1974년 3월 10일, 이번에는 필리핀의 밀림에서 중위 계급의 오노다 히로가 발견되어 다시 한 번 전 세계를 경악하게 만들었다.

세상이 놀란 것은 그들이 짐승처럼 밀림에서 살아남았다는 것 외에도 그들의 말 때문이었다. 쇼이치와 히로는 1944년 미군에게 '생포되는 불명예보다 죽음을 택하라는 명령' 때문에 지금껏 숨어 있었다고 말했다. 그리고 두 사람은 두리번거리며 믿을 수 없다는 듯 말했다.

「나는 우리 일본이 전쟁에서 졌다는 것을 조금 전에야 알았다.」

그들 못지않게 끈질긴 생명력을 보인 사무라이는 이미 전국 시대에도 있었다.

이에야스는 아들 노부야스가 할복한 1579년 다케다 가문과 8년간 대치하던 다카텐진 성을 공격했다. 아들을 잃은 슬픔을 잊으려는 의도도 있었지만 그해 다케다와 호조 우지마사가 동맹을 파기했기 때문이었다. 노부나가의 지원을 받으며 조금씩 도토우미를 장악해 가던 이에야스는, 호조 가문에 딸을 출가시키며 동맹을 맺고 호조와 다케다의 동맹을 깨뜨린 것이었다.

다카텐진 성은 도토우미의 요지였다. 이 성은 이에야스의 수중에 있었는데, 8년 전 신겐의 가쓰요리에게 빼앗겼다. 그러나 가쓰요리는 이 성을 함락시키고 나서 기고만장하여 몰락의 길을 걸었다. 아버지 신겐도 되찾지 못한 성을 자신은 한 번의 공격으로 함락시켰다면서 자신의 능력을 과장되게 믿었기 때문이다.

만약 다카텐진 성을 잃는다면 다케다 가문은 도토우미에 거점이 없어지게 될 상황이었다. 그래서 병사들도 다케다 가문이 다카텐진 성을 버리지 않을 것이라고 굳게 믿고 있었다. 그러나 가쓰요리는 다카텐진 성을 도우러 달려올 처지가 아니었다. 그 역시 3만의 호조군과 대치하고 있었기 때문이다. 전투는 없었지만 군사를 빼면 호조군이 쳐들어올 것은 불을 보듯 뻔한 일이었다.

이에야스는 성으로 이어지는 보급로를 끊고 5천여 명의 병력으로 성을 공격하기 시작했다. 그런데 이 성의 돌로 된 지하 감옥에 8년 전 싸움 때 사로잡혔으나 항복을 거부하여 갇힌 오코우지 겐자부로라는 미카와 무사가 있었다.

8년 동안 성의 주인은 몇십 번 바뀌었다. 그때마다 온갖 회유와 고문으로 항복을 권유받았지만 그는 자세를 꼿꼿이 하고 같은 말만 되풀이했다.

「나의 주군은 이에야스 님이시다. 그분은 이 성을 구하러 온다고 하셨다. 그분은 말씀하신 것은 반드시 이행하는 분이시다. 그런데 항복이라니, 말도 안 된다.」

성주 중에는 무사의 자존을 지킨다며 감탄하는 자도 있었지만 몹시 격노하여 심한 고문을 가하는 자도 있었다.

감옥 바닥도 벽과 마찬가지로 돌이었는데, 여름철이면 바닥에 물이 괴어 8년이 흐르는 동안 겐자부로의 양쪽 발은 허벅지까지 썩어버렸다. 그동안 받은 옷은 세 벌이었으나 형태가 없어진 지 오래였다. 하루에 두 번 주먹밥을 가져다주는 옥지기를 제외하면 사람들은 그가 인간인지 짐승인지 분간하는 데 한참 걸렸다.

방어하는 데 더없이 유리한 다카텐진 성은 이에야스 군의 대대적인 공격에도 6개월을 더 버텼다. 그러나 이에야스는 성안의 식량이 곧 바닥날 것이라 내다보고 있었다. 제아무리 강한 군사들이라도 먹어야 전투를 할 수 있을 테고, 굶으면 죽든가 항복하는 수밖에 없다고 생각했던 것이다.

그러던 어느 날 돌 감옥으로 한 무장이 찾아왔다. 촛불을 든 두 명의 군사가 무장을 호위하고 있었다. 무장은 전투를 설명하면서 겐자부로에게 말했다.

「오늘까지 무사로서 고집을 내세우며 버티고 있는 너에게 한 가지 부탁이 있다. 이에야스 본진에 사자로 가달라. 가서 우리가 성을 버릴 테니 북쪽 골짜기 쪽을 비워 달라고 하라. 그러면 그쪽에서도 죽을 각오를 하고 덤벼드는 우리에게 목숨을 구하는 자가 셀 수 없을 만큼 많으리라. 그대의 공도 될 테니, 가달라.」

거기서 무장은 문득 말을 끊었다. 겐자부로가 가볍게 코를 골고 있었기 때문이다.

「들을 필요도 없다는 뜻이군. 과연 듣던 대로 지독한 놈이구나.」

그러고는 겨우 겐자부로의 몸을 가리고 있는 옷을 찢어 버린 뒤 등에 촛농을 떨어뜨리게 했다. 겐자부로는 자는 듯 반응하지 않았다. 화가 난 무장은 이번에는 손톱을 태우게 했다. 양손의 손톱이 바지직 바지직 타들어 갔다. 손톱과 살이 타는 냄새가 감옥 안에 진동을 했다. 그래도 겐자부로는 입을 약간 벌리고 심심하다는 표정이었다.

「이놈은 뜨거운 것도 차가운 것도 모른다. 이놈은 이미 시체다.」

무장은 침을 뱉으며 나갔다. 그들이 나가자 겐자부로는 손을 입으로 가져가 불었다. 눈물을 흘리진 않았지만 애써 참고 있는 듯 눈에 핏줄이 서 있었다. 옥지기가 너무도 불쌍하여 자신의 겉옷을 벗어 그에게 덮어 주었다. 손톱이 타 들어가 손가락 끝이 모두 짓물러 있었다. 그러나 그런 고통이 겐자부로에게는 사는 보람이며 생명을 지탱하는 묘약이었다. 만약 고통도 없고 증오도 없고 이에야스에 대한 기다림도 없었다면 그는 벌써 죽어 해골만 남았을 것이다.

다음 날 다른 무장이 들어왔다. 그는 잘 갖춘 음식상을 옥에 들여놓게 하고는 겐자부로의 무사도를 칭찬했다.

「집어치워라. 내가 기름진 음식을 주고 칭찬한다고 고집을 꺾을 사무라이로 보이나?」

그러고는 상을 발로 차 엎어 버렸다. 그러자 그 무장은 겐자부로의 머리를 단단히 묶고 그 속에 창대를 꿰어 두 명의 군사로 하여금 어깨에 메고 걸어 다니게 했다. 겐자부로의 머리칼이 덩어리로 뽑히고 살이 찢어지고 피가 흘렀다. 그런 고문 역시 겐자부로의 정신을 더욱 굳게 만들 뿐이었다.

며칠 후 마침내 이에야스는 총공격을 명했다. 기록에 의하면, 다케다 군의 이름 있는 무사의 잘린 목만 해도 680두나 되었다. 잡병까지 포함하면 셀 수 없을 정도로 많은 사람이 죽었다. 성 주위는 머리 없는 시체로 산을 이룰 지경이었다.

이에야스 군이 성으로 들어왔을 때 겐자부로 옆에 숨어 덜덜 떨고 있던 나이 든 옥지기는 밖으로 나가 이에야스 군에게 겐자부로의 존재를 알렸다. 미카와 무사들은 모두가 반신반의였다.

「말이 되는 소린가. 어떻게 8년이나 되는 세월을 돌 감옥에 갇혀서 살 수 있단 말인가?」

「정말입니다. 소인이 그 무사를 5년이나 지켰습니다.」

무사들이 옥지기를 따라 옥으로 갔다. 그곳에 한 마리 짐승이 웅크리고 있었다.

「오, 지독하구나. 얼굴과 머리도 구별할 수 없구나. 그대가 진정
미카와 무사냐?」

「그렇소.」

「이름은?」

「오코우치 겐자부로…….」

겐자부로는 자기의 이름을 듣고 상대방들이 놀라 내지르는 신음
을 들으며 정신을 잃었다.

겐자부로가 다시 정신을 차린 것은 이에야스 앞이었다.

「내 주군은 어디 계시오? 나를 주군에게 데려다 주시오…….」

갈라 터진 목소리로 겐자부로는 이에야스를 알아보지 못하고 이
에야스에게 데려가 주기를 요구했다.

「장하다, 겐자부로. 내가 이에야스다. 늦게 와서 너무도 미안하구
나.」

이에야스가 그렇게 말하며 겐자부로 앞에 꿇어앉을 때 주변의 가
신들은 모두 숙연히 머리를 숙였다.

다카텐진 성이 함락되고 나자 다케다 군은 몰락의 길로 접어들었
다. 오다·도쿠가와 연합군의 총공격을 받아 멸망한 것이었다.

시대를 읽는 자가 앞선다

다케다 신겐은 마카다카하라에서 이에야스의 미카와 군을 크게 이겼음에도 상경하는 데는 어려움이 많았다. 바로 길목에 있는 이에야스의 작은 노다 성을 함락시키지 못해서였다. 두 달이 다 되도록 다케다 군의 주력이 성을 두들겼지만 성은 끄떡도 하지 않았다. 병사는 겨우 9백여 명이었다. 이에야스는 그사이 상처 입은 병사들을 추슬러 3천 명의 지원군을 노다 성으로 보냈다. 이에야스는 노다 성이 계속 버틸 수 없음을 너무도 잘 알았지만 신겐을 끝까지 물고 늘어지며 상경을 저지하려 했던 것이다.

이에야스는 노부나가에게 다시 원군을 청했다. 하지만 노부나가도 궁지에 몰려 있기는 매한가지였다. 신겐을 불러올린 쇼군 요시아키가 손을 써 노부나가를 타도한다며 만든 동맹이 움직이기 시작했던 것이다. 명목상 노부나가와 신겐은 그때까지 자식을 약혼시킨 동맹 사이였다.

신겐은 마카다카하라에서 벤 오다 군 무장의 목을 노부나가에게 보내면서 동맹을 깬 것을 나무랐다. 노부나가는 우선 신겐에게 사자를 보내 정중히 사과했다. 그러나 그 모든 것이 그저 허울 좋은 변명이라는 것은 사과를 하는 노부나가도 사과를 받는 신겐도 너무나 잘 알고 있었다. 난세에 살아남기 위해 아침에 맺은 동맹을 점심 때 깨고 저녁이면 적으로 돌변하는 예는 셀 수 없을 지경이었다. 상경하여 교토를 장악했던 노부나가나 신겐 역시 다른 다이묘나 무장과 다르지 않았다.

그러므로 노부나가는 이에야스 쪽으로 원군을 보낼 여력이 없었다. 그만큼 수륙 양면으로 그를 공격하려는 상대가 많았던 것이다. 이에야스는 노부나가를 믿고 끈덕지게 기다렸지만 신겐은 그 모든 것을 손바닥 들여다보듯 하고 있었다.

「노다 성을 함락시키고 그곳에 부대를 남긴다면 이에야스가 우리를 추격하지 못하게 묶어 둘 수 있다. 이제 노다 성의 함락도 며칠 남지 않았다.」

신겐의 예상은 들어맞아 노다 성을 지키는 이에야스 군은 더 이상 견딜 수 없어 항복하겠다며 사자를 보내왔다. 그러나 당장이 아니라 이틀의 말미를 달라는 것이었다.

신겐은 승리감에 취해 매일 밤 노다 성에서 흘러나오는 피리 소리를 듣기 위해 그날 저녁도 의자에 앉아 있다가 어디에선가 날아온 총알에 맞고 말았다. 며칠 동안 같은 시간에 계속 들려오던 피리 소리는 상당히 수준급이어서 신겐은 어둠 속에 걸상을 놓고 앉아 그 피리 소리를 감상했던 것이다.

여기서 일본의 작가와 역사학자들은 다시 둘로 나뉜다. 몇몇 작가는 노다 성에 있던 저격수가 며칠을 노리다가 암살을 했다고도 하고, 어떤 작가는 저격수가 신겐인 줄 모르고 쐈는데 우연히 신겐이 맞았다고도 한다. 그러나 학자들은 그보다 결핵을 앓던 신겐이 오랜 야영 생활에 병이 도져 쓰러졌다고 유추하기도 했다.

어쨌든 신겐이 죽는 바람에 다케다 군은 서둘러 철수하지 않을 수 없었다. 신겐의 죽음은 3년 동안 비밀에 붙여졌다. 그동안 영화로도 유명한 카게무샤(그림자 무사) 몇 명이 신겐을 대신했다.

그러나 노부나가와 이에야스의 정보력은 대단하여 신겐이 이미 죽고 없음을 알았다. 그리하여 다케다 군이 움직이지 못할 것이라고 예상한 노부나가는 차례차례 신겐과 동맹을 맺고 자신을 치려 했던 다이묘들을 멸망시켰다. 또 그들 다이묘들을 부추긴 쇼군 요시아키를 쳤다. 노부나가는 은밀히 만든 쾌속선을 타고 단숨에 비화호를 건너 요시아키를 공격하여 가와치로 추방했던 것이다. 이로써 2세기 동안 이어 오던 무로마치 바쿠후는 그 막을 내렸다.

다케다 신겐의 아들 가쓰요리는 20대였으나 아버지 못지않은 야망형 인간이었다. 그는 이에야스의 영지를 계속 위협하다가 1575년

4월, 2만 7천여 명의 병력을 이끌고 총공격을 개시했다. 목표는 이에 야스의 장남 노부야스가 성주로 있는 오카자키 성이었다.

가쓰요리는 출격하기 전에 오카자키 성의 경리 담당 오가 야시로 와 은밀히 내통하고 있었다. 그래서 그는 순식간에 오카자키 성을 손에 넣고 하마마쓰 성에 있는 이에야스를 포위한다는 계획을 가지 고 있었다. 그러나 가쓰요리와 내통했던 오가 야시로는 발각되어 이 미 처형당한 뒤였다. 이에야스의 아들 노부야스와 결혼한 도쿠가와 공주가 아버지 노부나가에게 알린 수상쩍은 일들을 노부나가가 이 에야스에게 알렸고, 이에야스가 조사하여 야시로가 적과 내통하고 있다는 것을 밝혀냈기 때문이다.

그런 사정을 알지 못한 채 기후의 전 병력을 이끌고 출격했던 가 쓰요리는 뒤늦게 그런 사실을 알고는 오카자키 성을 포기하고 대신 하마마쓰 성을 치기 위해 관문인 작은 나가시노 성을 포위했다. 그 러나 만만하게 보였던 나가시노 성은 잘도 버텼다. 이에야스는 그동 안 가쓰요리에게 여러 번 공격당해 병력 소모가 심했던 터라 이쯤에 서 다케다 군과의 싸움에 종지부를 찍고 싶었다. 그리하여 이에야스 는 노부나가에게 대단위 지원을 요청했다.

이에야스의 지원 요청을 받은 노부나가 역시 이번에야말로 다케 다 군을 섬멸할 기회라 생각하고 있었다.

「이번에는 내가 직접 출격하겠다. 지원군은 3만 명이다.」

그즈음 노부나가는 천하를 절반쯤 굴복시켰고 벼슬은 우대신에 올라 있었다. 역대 무장들 중 최고의 벼슬이었고 영지는 5백만 석(石)으로 누구도 감히 따를 수 없는 자리에 앉아 있었다. 그러나 쇼군에는 오를 수 없었다. 혈통 때문이었다. 천황이나 쇼군은 철저하게 혈통을 따져 세습되었던 것이다.

노부나가가 3만여 명의 지원군을 이끌고 이에야스 앞에 나타났다. 여간해서는 놀라지 않는 배포 큰 이에야스도 3천5백 명에 이르는 노부나가의 소총 부대를 보고는 놀라 벌린 입을 다물지 못했다. 이에야스도 노부나가 덕분에 시대를 꽤 읽는 편이었다. 그래서 다른 다이묘보다 열심히 총을 모아 5백 명의 총 부대를 편성했다.

이에야스는 노부나가가 5백 정 정도의 소총을 보내면 싸움에서 밀리지 않을 자신이 있었다. 그런데 노부나가는 그 예상을 보기 좋게 깼던 것이다. 하기야 노부나가는 워낙 상대의 의표를 찌르는 데 천재적이었다. 또 하나 이상한 것은 노부나가 군이 울타리를 만들 굵은 나무와 튼튼한 밧줄을 상당량 가지고 왔다는 것이다. 그것은 노부나가의 머릿속에 이미 다케다 군을 섬멸할 작전이 완성되었다는 걸 뜻했다.

「소총이 3천5백이면 일본의 총 절반을 가져왔다고 할 수 있습니다.」

이에야스의 가신들 중에는 기쁨의 눈물을 보이는 자도 있었다. 그만큼 미카와 군은 그동안 다케다 군에게 심하게 시달려 왔던 것이다.

이제까지의 전투는 으리으리하게 무장을 하고 각자 이름을 큰 소리로 외쳐 댄 다음 상대와 무술 실력을 겨루는 것이었다. 그러므로 한 사람 한 사람의 실력이 쌓여 전군의 승리를 결정하였던 것이다.

다케다 군은 그런 무사들로 이루어져 있었다. 거기에 노부나가는 이름도 알려지지 않은 소총수 부대로 대항하려 했다.

「지난날에는 용감하고 실력 있는 무장이 필요했다. 그래서 그들을 고용하기 위해 많은 녹을 줘야 했다. 그러나 이제는 아니다. 총만 있으면 된다. 총으로 싸우는 전투 방법만 연구하면 오다 군을 맞설 군대는 일본에 없을 것이다.」

5월 21일 새벽, 나가시노 벌판에 양군이 진을 쳤다.

오다·도쿠가와 연합군은 오다 군이 가져온 굵은 나무로 울타리를 삼중으로 튼튼히 치고 그 뒤에 소총수를 1천 명씩 세 부대로 나누어 배치했다. 그들은 신식 화승총으로 훈련받은 군사들이었다.

또 노부나가와 이에야스는 적이 소총 부대의 집중 사격을 받고 후퇴하지 못하도록 전투가 시작되기 전 다케다 군의 뒤에도 부대를 배치했다.

가쓰요리는 노부나가가 많은 총을 가져왔다는 보고를 받았지만 코웃음을 쳤다. 그때까지 이름깨나 있는 무장들은 총을 나약한 자들이나 쓰는 무기라고 생각했다.

「화승총은 번거롭다. 총알과 화약을 넣어야 하고 심지에 불을 붙여야 하며 비가 오면 무용지물이다. 심지에 불을 붙이기 전에 놈들을 베어 버리면 된다.」

다케다 군의 제1공격대 2천여 기가 지축을 울리면서 노도와 같이 밀려왔다. 울타리 앞에서 얼쩡거리며 적을 유인하던 보병들이 울타리 안으로 재빨리 사라졌다. 다케다 기마대는 거칠 것 없이 울타리 앞까지 밀려왔다.

「울타리를 밀어라!」

기마대가 울타리에 말을 기대고 밀었다. 곳곳에서 우두둑우두둑 울타리가 밀리는 소리가 들렸다. 그때였다. 2천여 기를 조준한 1천 정의 소총이 불을 뿜었다. 순식간에 기마 무사들의 모습이 절반가량 마상에서 보이지 않았다. 총소리에 얼이 빠진 남은 기마대가 잠시 두리번거렸다. 화약 연기가 사라지자 주인 잃은 말들이 이리저리 내달렸다.

살아남은 기마 무사들이 무장의 신호에 따라 다시 모였다. 1천여 명의 기마대는 다시 움직이기 시작했다. 하지만 그들을 기다리는 것은 장전한 총으로 그들을 겨냥하고 있는 다른 소총 부대였다. 두 번째 총소리가 들렸다.

이번에는 손가락으로 셀 수 있을 정도의 무사들만이 말 위에 남아 있었다. 몰살이라는 단어가 딱 맞는 장면이었다. 보도 듣도 못한 이 전법에 다케다 제1기마대는 전멸했다.

다케다 군의 제2기마대가 움직이기 시작했다. 이것을 보고 슬픈 고집이라고 해야 할 것인가. 일본의 사무라이를 상징하는 이 전투는 역시 일본을 상징하는 영화에 숱하게 사용되었다. 쏟아지는 총탄 앞

으로 마표를 단 기마 무사들이 돌진하는 이 전투 장면이 바로 서양
인들이 혀를 내두르며 칭찬 아닌 칭찬을 하는 사무라이 정신이다.
일본의 학자들은 그러한 무사들의 정신이 인디언의 전투 정신보다
훨씬 고급하다고 자랑이지만, 사실은 그렇지 않다.

다케다 가문을 빛낸 무장 24인의 절반 이상이 그대로 후퇴하여 고
국으로 철수하자는 의견을 내놓았지만 가쓰요리가 반대하여 전투가
벌어졌기 때문이다. 그리고 전투 중에 개별적으로 도망치거나 후퇴
하지 못한 것은 그럴 만한 시간적 여유도 없었거니와 주군의 명령을
거부할 수 없는 분위기 때문이었다. 겉으로 보기엔 용맹하게 전장을
향하는 것처럼 보이지만 사실은 투구 속에서 울며 어쩔 수 없이 앞
으로 돌진하다 쓰러져 갔던 것이다.

제2기마대의 대장은 죽은 다케다 신겐과 쌍둥이인 아우 쇼요켄이
었다. 그의 기마대도 제1대와 같은 운명을 맞았다. 슬픈 고집은 계속
되었다. 제3기마대도 제4기마대도 모두 지축을 울리면서 살같이 달
려들다 기다리던 총 부대의 집중 사격을 받고 전멸했다.

만약, 총이 없었다면 아니, 있었다고 해도 3천5백 자루가 아니었더
라면 다케다 기마대는 오다·도쿠가와 연합군을 짓밟고 일본의 역사
는 다르게 쓰였을지도 모른다. 하지만 운명의 여신은 오케하자마 전
투에서처럼 오다·도쿠가와 동맹군의 손을 높이 들어 주었다. 그날
다케다 군 2만여 명이 전사했다. 부상자를 포함한 수천여 명은 사색
이 되어 가쓰요리를 호위하며 고국으로 후퇴했다.

그러나 다케다 군은 한 해도 넘기지 못하고 멸망했다. 이듬해 눈이 녹기도 전에 오다·도쿠가와 연합군은 다케다 가문의 본토인 고후를 향해 진격했다. 나날이 적군이 포위망을 좁히며 다가오자 가쓰요리는 고후의 본성을 버리고 신축 중인 성으로 옮겨 가기로 결정했다. 하지만 오다·도쿠가와 연합군에게 이미 호된 매를 맞은 군사들은 밤만 되면 도망쳤다. 게다가 옮기기로 한 성은 아직 사람이 기거할 만한 상태가 아니었다. 먹을 것도 떨어지고 말도 지쳐 쓰러졌다. 이제 가쓰요리 옆에 남은 것은 힘없는 여인들과 몇 명의 늙은 가신들뿐이었다.

적을 피해 산길을 헤매던 가쓰요리는 가신의 권유로 칼을 배에 꽂았다. 할복하지 않으면 적에게 머리를 내줘야 하는 급박한 상황이었다. 그의 아내도 가신들도 모두 그를 따랐다. **일본 전국을 벌벌 떨게 만들었던 아버지 신겐의 명성을 한순간에 까먹은 가쓰요리는 오늘날 능력이 없어 부도를 내고 회사의 간판을 내리는 재벌 2세를 떠올리게 한다.**

다케다 가문이 멸망한 후 노부나가는 이에야스에게 스루가, 도토우미의 땅을 주어 공적을 치하했다. 이로써 이에야스는 이마가와 요시모토가 한참 세력을 자랑하던 때와 같이 3국을 지배하는 다이묘로 성장한 것이었다.

새 역사는 지난 역사를 밟고 시작된다

노부나가는 1582년 4월 도쿠가와 이에야스를 자신의 마천루인 교토의 아즈치 성으로 초대했다. 그때 아케치 미쓰히데에게 그를 접대하도록 했는데, 바로 그 미쓰히데가 반란을 일으켰다. 이상한 것은 노부나가의 큰 사건에 늘 이에야스가 끼어들었다는 점이다. 다른 사건도 그랬지만 후대 학자들은 미쓰히데 반란 뒤에 히데요시가 있었다고도 하고, 이에야스에게 혐의를 두기도 했다. 그러나 추측이나 상상일 뿐 적확한 결론은 내리지 못했다.

노부나가가 죽으면 가장 이득을 볼 사람은 히데요시라고 보는 사람들은 히데요시를 찍었고, 동맹자인 노부나가가 죽으면 이에야스가 그 후임자에 오를 가능성이 있다고 본 자들은 이에야스를 찍었다. 또 천황의 권위에 도전하려고 한 노부나가를 제거하려는 조정(朝廷)이 배후라고 주장하는 자들도 있었다.

어쨌든 노부나가가 이에야스를 아즈치 성으로 초대한 것은 겉으로는 다케다 가문을 토벌한 노고를 치하하기 위함이었다. 그러나 사실은 일본 내의 다이묘들에게 이에야스가 자신의 말을 얼마나 잘 듣는지 보여 주기 위해서였다.

그즈음 노부나가는 덩치 큰 흑인을 경호원에 포함시켰는데, 그는 서른이 되지 않은 인도인이었다. 노부나가는 외출 시 약간의 궁수와 소총 부대, 기마 무사를 주변에 배치했다. 이렇게 예전과 달리 더욱 날카로워지고 조심성이 많아진 노부나가가 혼노지에서 허무하게 죽었다는 것은 아이러니다.

그러나 도둑이 들려면 잘 짖던 개도 그날은 짖지 않는다고 한다. 자신에게 몸을 의탁해 충성을 맹서하고 히데요시와 더불어 노부나가 가신 중 서열 10위 안에 드는 미쓰히데가 배신할 줄을 신이 아닌 이상 그가 어찌 알았겠는가. 노부나가는 따르던 가신들에 의해 죽은 뒤 신으로 추앙되었지만 살아 있을 때는 권력자였지 신은 아니었다. 그것은 히데요시도, 이에야스도 마찬가지다.

접대역을 맡은 아케치 미쓰히데는 이에야스가 묵을 곳이 아지츠 성보다 너무 초라한 것은 결례라고 생각했다. 전국 시대의 다이묘들이 다투어 증축하는 성은 오늘날 기업들이 분수에 넘치게 사옥을 짓는 것과 비슷했다. 음식을 저장하는 것도 문제였다. 이미 모기가 날아다니는 초여름이었고, 이에야스가 올 때쯤이면 생선을 보관하기에도 꽤 성가신 날씨가 될 듯했다.

미쓰히데는 이에야스의 숙소를 다이호지[寺]로 정했다. 전국 시대에는 다이묘들의 영빈관으로 주로 절을 이용했다. 그만큼 절은 숙소로 이용하기에 손색이 없을 만큼 시설이 좋았다.

미쓰히데는 이에야스가 묵을 방을 아즈치 성에 있는 노부나가의 방과 비슷한 수준으로 치장했다. 요샛말로 하면 같은 급으로 인테리어를 한 것이었다. 노부나가는 준비 상황을 보려고 절에 왔다가 방이 자신의 것과 같은 형식으로 장식된 것을 보고는 미쓰히데에게 인격적인 모욕을 주며 화를 냈다. 그리고 변명을 하려는 미쓰히데의 사모가 벗어질 정도로 주먹으로 머리를 세게 쳤다. 그러고는 미쓰히데의 대머리가 드러나자 징그러운 것을 보듯 눈을 가늘게 떴다.

엎드려 눈물을 쏟는 미쓰히데에게 노부나가는 끝까지 이에야스의 방 치장이 마음에 들지 않는다고는 말하지 않았다. 다만 이렇게 말했다.

「오늘부터 너에게 명한 미카와 친척의 접대역을 거두어들인다.」

그러고는 다른 가신으로 접대역을 대신하게 했다. 노부나가의 표독스러운 응징은 거기서 끝나지 않았다. 미쓰히데에게 영지의 군사를 끌고 히데요시가 원정 가 있는 주고쿠 지역의 지원군으로 출정하라는 명령을 내렸던 것이다.

노부나가의 꾸지람으로 처참할 정도로 톡톡히 망신을 당한 미쓰히데는 아즈치 성에서 쫓겨나다시피 했다. 미쓰히데는 이에야스 일행에게 쓰려고 준비한 생선이며 음식을 해자에 버리고 자신의 영지인 단바 사카모토 성으로 돌아갔다. 그 때문에 아즈치 성 인근에는 음식 썩는 냄새가 며칠간 진동했다.

영지가 있는 다이묘들은 명을 받으면 자신의 돈으로 경비를 지출하게 되어 있었다. 그러므로 마음먹기에 따라서는 후임 접대역에게 적당한 돈을 받고 음식 재료를 넘길 수도 있었으나 미쓰히데는 그러지 않고 일부러 교토 시민들에게 고약한 냄새를 맡게 했다.

이에야스는 교토에 도착해 미쓰히데의 접대를 받다가 접대역이 바뀐 것을 알고는 이상한 생각이 들었으나 더 이상은 알려고 하지 않았다. 그리고 머리가 아플 정도로 지독한 냄새에 대해서도 언급하지 않았다.

며칠 후 미쓰히데의 사카모토 본성에 노부나가의 사자가 들이닥쳤다.

영지인 단바와 오미를 거두어들이고 대신 이즈모, 이와미 두 곳을 내린다. 주고쿠로 시급히 출정하라. 나보다 앞서 그곳에 이르러 하시바 히데요시(그때까지 히데요시의 성은 하시바였다)의 지시를 받으라.

새로 내린 영지는 아직 모리 가문의 지배 하에 있어 평정되지 않은 곳이었다. 미쓰히데는 노부나가의 성격상 자신을 그대로 놓아주지 않을 것을 알고 있었다. 주고쿠에 가면 지금까지는 신분이 대등

하던 히데요시의 지시를 받아야 할 것이었다. 그것은 히데요시 밑으로 들어가라는 말과 같았다.

그즈음 교토에서는 이에야스를 위한 대향연이 사흘 동안 벌어졌다. 노부나가가 그토록 느긋하게 이에야스와 어울린 것은 주고쿠로 출정하기 위해 장남 노부타다가 군사를 이끌고 오기를 기다리기 위해서였다. 하지만 겉으로는 이에야스를 접대하는 것처럼 위장하고 있었다.

노부나가는 진정으로 이에야스와 술상을 마주하고 독대를 하기도 했다. 부르자마자 금방 달려온 이에야스가 기특하기도 하고 반갑기도 했던 것이다. 둘이 처음 만난 지 35년, 동맹을 맺은 지 21년이 지나 있었다. 그해 이에야스는 마흔한 살이었고, 노부나가는 마흔아홉 살이었다.

한편 미쓰히데의 가신들은 서서히 결론을 모으고 있었다.

「이즈모, 이와미 두 영지를 주신다고 하지만 그곳은 아직 적의 수중에 있습니다. 우리가 출전하여 그 두 곳을 빼앗는 동안 단바와 오미의 두 영토를 압수한다면 우리 가족은 몸 둘 곳이 없습니다. 이처럼 오도 가도 못하게 만들어 우리 아케치 가문을 멸망시키려는 것입니다. 주군, 결단을 내리셔야 합니다.」

미쓰히데와 가신들은 노부나가가 구 영토를 뺏는다는 말은 하지 않았지만 그것을 당연하게 생각하고 있었다. 오해였는지 아니었는지는 후대의 뛰어난 학자들도 알 수가 없다. 사료에도 당연히 노부나가의 마음 따윈 적혀 있지 않으니 말이다. 이래서 역사는 재미있는 것 아니겠는가.

이틀을 고민하던 미쓰히데는 마침내 가신들을 집합시켰다. 모두 들어오자 미쓰히데는 눈물을 뚝뚝 떨어뜨려 비장함을 보인 후 말을 꺼냈다.

「모두 들어라. 우리 가문은 위기를 맞았다. 그래서 결심했다. 앉아서 자멸을 기다리는 것보다 군사를 일으키기로. 반대하는 자가 있으면 당장 말하라.」

모두가 바라던 일이었으므로 반대가 있을 리 없었다. 그리하여 아케치 가문의 모반은 한 사람의 반대도 없이 결정되었다.

미쓰히데의 정보원들이 속속 도착했다. 이에야스는 교토 구경을 끝내고 오사카를 향해 떠나고 노부나가의 주력 부대는 주고쿠를 향해 떠났다는 소식이었다. 노부나가는 5월 29일 혼노지에서 묵는다고 했다. 경호 부대는 5백 명이었다.

미쓰히데의 전 병력 1만 1천 명이 움직였다. 노부나가가 명령한 주고쿠가 아니라 교토 쪽을 향해서였다. 장수들은 교토 행임을 알았지만 병사들은 알지 못했다. 부대는 얼마 안 가 교토로 가는 길로 접어들었고 병사들은 고개를 갸웃했다. 주고쿠와 반대되는 쪽으로 길을 잡았기 때문이었다. 그래도 무장들은 군사들에게 그날 밤 일에 대하여 말해 주지 않았다.

몇 시간을 더 나아가자 대열이 웅성거리기 시작했다. 그때 부대를 이끄는 무장들에게 새로운 지시가 내려졌다.

「우리가 교토로 가는 것은 우대신(노부나가)께서 출전하는 군사들을 사열하신다고 하셨기 때문이다. 그러니 즉시 식사를 하고 각자 무장을 갖추도록 하라.」

곧 주먹밥이 분배되었다. 군사들은 우대신 노부나가가 사열한다는 말을 의심하지 않았다. 그만큼 자신의 주군은 우대신의 측근이었던 것이다.

미쓰히데는 노부나가의 정실 노히메의 외사촌 오빠였고, 노부나가에 의해 쇼군이 되었으나 노부나가와 세력을 견주다가 몰락한 요시아키를 앞세우고 노부나가에게 의탁해 온 자였다. 그 후 명석한 두뇌로 하는 일마다 노부나가의 눈에 들어 어엿한 영지를 가진 다이묘로 출세했다. 그런 그가 자신의 전 병력을 이끌고 자신을 인정해 준 노부나가를 치기 위해 교토로 상경하고 있었던 것이다.

6월 2일 해가 뜨기 전 미쓰히데 군은 닫힌 관문을 부수고 교토로 들어가서는 아케치 가문의 깃발을 세웠다. 그리고 각각의 공격 목표를 향해 부대별 작전에 들어갔다.

혼노지를 공격하는 사마노스케 부대는 긴장 속에서 해자 밖에서 혼노지를 세 겹으로 철통같이 포위했다. 포위를 마친 사마노스케는 미쓰히데에게 전령을 보냈다.

「날이 새기 전에 단숨에 쳐들어가 노부나가의 목을 자르라!」

전령이 돌아와 미쓰히데의 명령을 전했다. 부대가 움직였다. 예나 지금이나 말단 병사들은 무엇 때문에 싸우는지, 왜 공격하는지 알 바 아니었다. 그저 명령대로 총을 쏘고 함성을 지르며 공격해 적을 치면 그만이었다.

전날 밤늦게까지 기분 좋은 술자리를 가졌던 노부나가는 잠결에 함성을 들었다. 동물적인 감각으로 그는 그 함성이 적을 공격할 때 지르는 것임을 알았다. 그는 옆방에서 자고 있는 측근 사무라이들을 불러 밖을 살피게 했다.

얼마 후 세 사람이 뛰어 들어왔다.

「도라지 무늬 깃발입니다.」

「음, 미쓰히데구나…….」

그때 경호 부대원들도 이미 모두 일어나 노부나가의 방을 에워싸고 방비 태세를 갖추었다. 노부나가는 창을 놓고 활을 잡았다. 다른 사람의 활보다 크고 강한 그의 활에서 벗어난 화살은 어김없이 검은 점을 하나씩 쓰러뜨렸다.

「방법이 없다. 미쓰히데라면 빠져나갈 구멍이 없을 것이다. 자, 본때를 보여 주자.」

3천7백 대 5백이었다. 시간이 지날수록 노부나가를 에워싼 사람들의 숫자는 줄어들었다. 소총 부대도 큰 효력을 발휘할 수 없었다. 적이 너무 가까이 있어 총알과 화약을 잴 시간이 없었던 것이다.

「주군, 더 이상은 시간을 벌 수가 없습니다. 배신자에게 수급을 줘서는 안 됩니다. 어서…….」

피투성이가 된 측근 무사의 말에 노부나가는 고개를 끄덕인 뒤 방으로 들어갔다. 닫힌 방문으로 연기가 새어 나오기 시작했다.

사마노스케의 무장들이 뛰어들었을 때는 이미 인간의 힘으로 끄기에는 역부족인 불길이 세차게 타오르고 있었다.

미쓰히데는 이틀 동안이나 숯과 재를 뒤지며 노부나가의 흔적을 찾게 했지만 아무것도 발견하지 못했다. 닷새 후 바람처럼 주고쿠에서 달려온 히데요시는 미쓰히데를 치고 역시 재만 남은 혼노지를 뒤졌지만, 노부나가가 생전에 아끼던 다기 몇 점과 명검 마사무네를 발견했을 뿐 노부나가의 흔적은 찾지 못했다.

후대의 사람들이 그토록 입이 마르도록 칭찬하며 좋아하는 이 전국 시대의 천재는 이렇게 역사에서 사라졌다. 그의 맏아들도 미쓰히데 군의 공격을 받고 죽었다. 그러나 바로 그 사라짐이 또 다른 역사를 만들어 가는 시작이 되었다.

제2장

세상의 인심과 맞서지 마라

명분이 있어야 세상이 용납한다

노부나가가 미쓰히데의 모반으로 혼노지에서 불길에 휩쓸려 죽은 6월 2일, 이에야스는 사카이 항에서 유람을 끝내고 교토로 돌아가는 중이었다. 그때 히데요시는 5년째 주고쿠 정벌 사령관으로 나가 있었다. 노부나가 진영에서는 모리가 뒤에서 버티고 있는 한 주고쿠를 정벌하는 데 10년은 걸릴 것이라 예상하고 있었다. 하지만 히데요시는 조심스럽게 모리의 목을 죄고 있었다. 노부나가가 죽은 날에도 히데요시는 수공(水攻)으로 완강하게 버티던 비추의 다카마쓰 성을 거의 잠기게 하였다. 성주 시미즈 무네하루는 항복하지 않을 수 없었다. 히데요시는 노부나가의 죽음을 숨기고, 시미즈를 할복시킨 후 모리를 속여 화친을 맺고는 촌각을 다퉈 교토로 향했다.

이에야스 일행이 교토로 향하고 있을 때 오래전부터 이에야스의 숨은 가신이라고 은밀하게 알려진 차야 시로지로가 달려와서는 노부나가가 죽음을 당했다는 급보를 알렸다. 차야는 교토에서 큰 상점을 하는 대상인이었다. 이에야스는 그를 뒤에서 몰래 밀어주고 있었는데, 사료에 보면 차야는 마쓰모토 기요노부라는 이름으로 이에야스의 가신으로 기록되어 있다. 그러니까 이에야스의 경제 상담가 겸 교토 고위층의 동정을 살피는 고등 첩자였던 것이다.

차야가 교토와 사카이에서 활동한 이유는 사카이 상인회의 정치적인 무게 때문이었다. 사카이 상인들은 노부나가를 제거하려다가 오히려 그에게 눌려 버렸다. 그러나 총칼보다 더 무서운 것은 시대를 뛰어넘어 돈이었다. 전국의 다이묘들이 총 한 자루를 구하려 해도 사카이 상인을 통해야 했고 사카이 상인들은 그런 점을 교묘하게 이용하고 있었다. 돈이 권력을 조정하리라는 것을 미리 예상한 이에야스는 차야를 그들 속에 살게 해 정보를 얻었던 것이다.

이에야스는 노부나가의 급작스러운 죽음에 놀라 자신의 영지로 돌아가는 길을 모색했다. 노부나가가 죽은 것을 알면 자신에게 적대적인 다이묘들은 물론 그동안 치안이 좋았던 곳에서도 야무사(野武士)들과 들도적들이 들고 일어설 것이었다. 유람차 왔기 때문에 동반한 경호 부대는 서른 명 정도밖에 안 되었다. 그보다 미쓰히데가 자신을 공격해 오지 않는다는 보장이 없었다. 교토는 물론 사카이에서도 그의 군사들이 길을 막고 있다는 것이었다. 미쓰히데 정규군의 공격을 받으면 일행은 순식간에 전멸할 것이었다.

이 점을 보면 이에야스가 미쓰히데를 부추겨 모반을 일으켰다는 일부 학자들의 견해가 억측은 아닌가 생각된다. 히데요시에 대한 것도, 조정에 대한 것도 마찬가지다. 왜냐하면 히데요시는 당장 달려와 미쓰히데를 토벌했고, 조정은 조정대로 한동안 분란에 휩싸여 적잖이 손해를 보았기 때문이다.

어쨌든 이에야스 일행은 머리를 맞대고 의논한 결과 하루라도 빨리 미카와로 돌아가야 한다는 결론을 내렸다. 그것도 미쓰히데 군은 물론 다른 다이묘 군대의 눈에 띄지 않고 말이다.

드디어 이에야스는 가장 빠른 길을 알아냈다. 이가라는 마을을 통과한다는 것이었는데, 그곳은 높은 산과 여러 개의 강이 가로막혀 있었다. 다행이라면 이에야스의 부하 중에 이가의 닌자(검은 복장으로 전신을 감싸고 둔갑술을 써 적진을 정탐하거나 자객으로 활동하는 무리) 출신의 핫토리 한조가 있었다는 점이다. 이에야스는 그를 선발대로 보내고 뒤따랐다. 한조는 차야가 준 돈으로 들도적과 야무사들을 매수하여 이가 마을로 들어갔다. 이가 마을에서도 처음에는 적대적으로 나왔지만 한조의 설득으로 2백여 명의 닌자들이 이에야스를 도와 무사히 미카와로 돌아갈 수 있게 되었다.

험준한 산을 넘고 거센 강물을 건너는 혼신의 고생 끝에 이에야스는 초주검이 다 되어 미카와에 겨우 닿을 수 있었다. 이때의 인연으로 이에야스는 그 후 닌자들을 많이 고용했다. 그리하여 닌자의 활약도 점점 커져 도쿠가와 바쿠후(幕府) 내내 여러 방면에서 중추적인 역할을 했다. 특히 도쿠가와 가의 닌자들은 잔인하기로도, 깔끔

한 일 처리 솜씨로도 유명했다.

히데요시는 모리와 화친을 맺은 직후 번개처럼 거성인 히메지 성으로 돌아왔는데, 그날은 6월 7일 밤이었다. 예상했던 대로 미쓰히데가 교토 시민들에게 세금 면제 등 인기 정책을 쓰고 있다는 정보가 속속 들어왔다.

오다 편의 혼란은 지리멸렬한 상황이었다. 중신들은 각자 부대를 이끌고 전국에서 전투를 벌이고 있던 터라 급히 움직일 수 없었던 것이다. 히데요시는 욕탕에 들어가 눈을 감은 채 생각에 잠겼다.

'나의 주군은 죽었다. 그렇다면 오늘부터 나는 누구의 가신인가…… 그렇다! 나는 천황의 가신이다. 그러나 이 이치를 세상 사람들은 모를 것이다. 세상 사람들에게는 내가 벌일 전투가 주군의 원수를 갚는 복수전이라고 해야 한다.'

목욕을 마친 히데요시는 회계를 맡은 가신을 불러 재산이 모두 얼마냐고 물었다.

「황금이 8백50냥, 은이 8백 관가량 됩니다만……」

「쌀은 얼마나 있나?」

「8만 5천 석이 있습니다.」

「좋다. 당장 금은과 쌀을 녹에 따라 분배하라. 졸개들에게도 빠짐없이 줘야 한다.」

「주군?」

「안다. 누구나 태어났을 때는 발가숭이다. 나는 다시 한 번 발가숭

이가 되려는 것이다.」

이때 벌써 히데요시는 다시는 히메지 성으로 돌아오지 않을 것을 결심했다. 그는 이번 싸움이 자신에게 온 마지막 기회라고 생각했던 것이다.

히데요시는 전군에 자신이 가지고 있던 전 재산을 나누어 주었다. 군사들의 사기는 충천했고 은근히 히데요시의 그릇 됨됨이를 경외하는 분위기가 조성됐다. 게다가 노부나가의 측근 장수들도 주고쿠에 원정 왔다가 주군의 죽음을 듣고 히데요시를 따라 히메지 성으로 와 있었는데, 히데요시는 언제부터인지 자신이 상사인 양 지휘를 했다. 이상한 것은 그들이 히데요시의 복수전 분위기에 휩쓸려 서열이 비슷하거나 히데요시보다 높았는데도 이를 당연하게 받아들였다는 것이다.

히데요시는 노부나가의 전략을 고스란히 답습한 우수한 제자였다. 남들의 예상을 순식간에 깨는 재빠름이 특히 그랬다. 히데요시는 필요할 때 울고, 필요할 때 웃었다. 그런 그의 움직임이 낱낱이 후대에 전해진 것 또한 히데요시의 유별난 홍보력 때문이었다.

노부나가나 이에야스와 달리 히데요시는 천출이라 교육을 받지 못했다. 그래서 그는 한자를 잘 알지 못했고 겨우 언문을 터득한 정도였다. 그것도 어려운 글자는 읽지 못했다고 전해진다. 히데요시는 그래서 서기를 한 명 고용했는데, 그는 오무라 유코라는 작가였다. 그는 훗날 덴쇼키(大正記)를 후대에 남긴 전국 시대의 보기 드문 작가였다. 히데요시는 그를 특별히 여겨 늘 그림자처럼 데리고 다녔다. 요즘 말로 하면 공보 비서나 전기 작가인 셈이었다.

히데요시는 주고쿠 정벌 사령관에 임명되면서 자신의 일거수일투족을 유코로 하여금 기술하게 했다. 유코는 그때부터 히데요시가 죽을 때까지 그의 곁에서 히데요시의 속마음을 제외한 모든 것을 기록했다. 그것이 훗날 역사가 됐음은 물론이다. 히데요시는 때로 자신의 생각까지 유코에게 말해 줘 유코를 기쁘게 했다. 이쯤 되면 히데요시는 선전에 천재적이었다고 할 수 있을 것이다.

유코는 승려 출신으로, 처음에는 노래쟁이로 히데요시에게 채용되었다. 그러다가 문장이 뛰어나 군담 기록의 작가로 승진했다. 히데요시는 히메지 성을 나가기 직전 유코에게 이렇게 말했다.

「유코, 이번 군담은 '미쓰히데 토벌기'라고 제목을 붙여라. 나의 모든 움직임과 싸움의 과정을 후대에 남겨 읽혀야 한다. 그러니 눈을 크게 뜨고 자세히 본 후 정확하게 쓰도록 하라. 나, 히데요시는 이 복수전에 모든 것을 걸었다.」

또 자신의 양자가 된 노부나가의 넷째 아들 히데카쓰를 불러 말했다.

「히데카쓰, 너는 내 아들이며 한편으로 우대신의 아들이다. 너에게 미쓰히데는 생부의 원수요, 양부인 나에게는 은인의 원수다. 그러니 선봉을 맡아라. 세상 사람들에게 과연 우대신 님의 아들이요, 히데요시의 아들이었다는 말을 들어라. 비굴하게 살아서 이승의 영화를 누릴 생각 말고 죽어 후세를 위한 아름다운 꽃이 되어라.

나와 네가 출전을 꾸물거리면 우대신의 영혼은 질책하리라. 자, 결정됐다. 늦게 오는 우대신 님의 아들들은 할 수 없지만 나와 너는 밤을 낮 삼아 전장으로 달려간다. 네가 선봉에 서거라. 나도 늙은 무사일지언정 미쓰히데와 함께 네 뒤를 좇아 온 힘으로 싸우다 죽겠다. 네 양부가 이렇게 각오하고 있으니 너도 가슴에 새기는 것이 좋으리라.」

유코는 열심히 붓을 놀렸고, 며칠 전까지만 해도 히데요시보다 중신이었던 무장들은 눈물을 훔쳤다. 히데요시가 그렇게 말한 것은 철저한 계산에 의해서였다. 우선 흩어진 노부나가 중신들을 끽소리 못하게 하여 자신의 휘하에 끌어모으기 위함이었고, 무엇보다 오사카에 있는 노부나가의 둘째 아들(첫째는 아버지와 함께 죽었다)에게 기선을 빼앗기지 않으려는 의도였던 것이다.

천하를 움켜쥐고 있던 노부나가가 죽은 이상 어떻게 하는 것이 그 자리에 가깝게 가는 것인지 히데요시는 동물적인 감각으로 알고 있었다. 그의 예상대로 결국 그는 이 한 판의 싸움으로 대권 경쟁에서 누구보다도 한 걸음 앞서게 되었다.

세상의 인심과 맞서지 마라

6월 12일 히데요시는 히메지 성을 떠났다. 그는 앞서 민간인 복장으로 갈아입은 군사를 풀어 히데요시의 미쓰히데 토벌을 대대적으로 선전하게 했다. 그 선전이 먹혀서인지 지난날 노부나가에게 충성을 맹세했지만 사태를 주시하면서 움직이지 않던 다이묘들이 히데요시의 토벌군에 합류하기 시작했다. 미쓰히데도 열심히 모반의 정당성을 선전하면서 다이묘들을 달래려 했지만, 특히 홍보 면에서 히데요시의 적수가 되지 못했다.

히데요시는 한편 교토로 가는 길목 마을에서 군사들이 먹을 음식을 준비하게 했다. 그리하여 달려온 군사들이 직접 음식을 만들지 않고 배를 불릴 수 있게 했다. 자지도 먹지도 않은 채 달려온 군사들은 마을 주민들이 해준 밥을 먹고는 또 그대로 달려 나갔다. 바로 그런 전략을 쓴 다이묘는 그때껏 일본 전국에 두 사람밖에 없었다. 죽은 노부나가와 히데요시였다. 히데요시는 전장에서 쓰는 돈은 절대로 아끼지 않았다. 어떤 다이묘는 장작이 아까워 화톳불을 피우는 것까지 일일이 잔소리를 해댔지만 히데요시는 오히려 더 많이 때라고 지시를 내렸고 그것은 사기로 연결됐다. 그는 사기가 싸움의 승패를 좌우한다는 것을 얄미울 정도로 잘 알고 있었다.

만약 이에야스가 히데요시보다 먼저 군사를 일으켰다면 역사는 또 어떻게 변했을까. 이에야스도 미카와에 돌아온 후 군사를 일으켰다. 그러나 신중한 그의 성격대로 1만여 명의 군사를 일으키는 데 며칠이 소요됐다. 그리고 이곳저곳 눈치를 보며 행군하다가 히데요시의 서신을 받았다.

……고맙지만 미카와의 친척까지 나올 필요는 없소. 미쓰히데는 이 히데요시가 맡아 처리할 테니, 동쪽을 잘 지켜 주기 바라오…….

이에야스는 히데요시에게 선수를 빼앗긴 것이었다. 히데요시는 마치 노부나가가 그랬던 것처럼 이에야스에게 묘한 명령을 내려 출군을 막았다. 만약에 이에야스가 히데요시와 같이 마음을 비우고 번개처럼 행동했더라면 일본의 통일이 앞당겨졌을 것이라고 말하는 사람들도 있다. 그러나 또 다른 사람들은 이에야스가 먼저 히데요시에게 천하를 양보하고 그다음에 자신이 거머쥐려 했다고도 말한다.

하지만 히데요시가 천하를 잡은 후 이에야스와의 관계를 보면 그 말은 사실이 아니라는 것을 알 수 있다. 이에야스는 히데요시가 죽은 후 피를 튀기는 전투와 복잡한 정치 전략으로 어렵게 천하를 잡았기 때문이다.

어쨌든 이에야스는 사태를 너무 관망하다가 늦게 움직였고, 히데요시는 노부나가의 중신들이 주춤하는 사이에 머리를 삭발하고 전군을 호령하며 달려 나갔다. 그는 교토까지 가는 이틀 동안 말 등에서 먹고 자면서 달렸다고 한다. 노부나가의 오케하자마 전투에 비길 만한 실로 전광석화 같은 행동이었다.

히데요시 군이 교토로 진군하는 도중 다이묘들이 속속 군사를 이끌고 모여들었다. 예전의 히데요시는 가문이 없어 깃발도 없었다. 그가 호리병박 문장을 만든 것은 노부나가에게 엄청난 아부를 한 뒤였다. 노부나가는 술이나 물을 담는 호리병박을 문장으로 사용하겠다는 히데요시의 요청을 처음에는 거절했다가 곧 배를 잡고 웃으며 허락했다고 한다. 히데요시는 호리병박을 그대로 사용한 것이 아니라 거기에 금칠을 했다. 그러자 제법 그럴듯해졌다.

교토로 향하는 미쓰히데 토벌군의 맨 앞에는 금칠을 한 호리병박이 햇빛에 빛나고 있었다. 이때부터 호리병박은 일본의 상징으로 바뀌었다. 백성들은 거대한 군사들의 행군을 모두 히데요시 군으로 보았다.

전투는 히데요시의 대승이었다. 교토로 진격하는 동안 토벌군은 4만에 육박했고 미쓰히데 군은 1만 5천 명이었다. **명분이란 참으로**

무서운 것이다. 히데요시에게는 계속해서 다이묘가 몰리는 대신 미쓰히데는 사위들마저 등을 돌렸다. 미쓰히데는 주군 시역(主君弑逆)을 '폭군을 제거한 의로운 일'로 착각하며 자신이 크게 떠오를 것으로 기대했지만 그의 계산은 철저하게 빗나갔다. 그가 천황의 궁중에서 공경들이며 교토 시민들의 감정을 아우르는 사이, 히데요시는 '역적 타도'의 기치를 들고 질풍같이 덤벼들고 있었던 것이다.

미쓰히데는 자신이 노부나가를 제거하면 노부나가에게 눌려 살았던 많은 다이묘들이 일어설 것이라고 생각했다. 그러나 자기 아들을 할복시킨 이에야스도, 노부나가와 적이었으니 반드시 자기 편을 들 것이라고 믿었던 호소가와 군도 움직이지 않았다. 게다가 온다고 약속했던 다이묘들까지 끝내 오지 않거나 토벌군 쪽으로 돌아서서 사기를 떨어뜨렸다.

결국 네 시간의 전투 끝에 승패가 결정 났다. 미쓰히데가 천황으로부터 칙서를 받고 교토를 다스린 것은 겨우 나흘이었다.

영지인 오미로 달아나는 미쓰히데를 따르는 측근은 열 명도 되지 않았다.

밤은 깊고 배는 고팠으며 비도 조금씩 내렸다. 땅이 질척거려 말도 무척 힘들어했다. 그러나 쉴 수가 없었다. 토벌군의 말발굽 소리는 들리지 않았지만 추격당하고 있다는 것은 불을 보듯 뻔한 사실이었다.

대나무 숲이 흔들리는 것 같았다. 일행은 잠시 멈칫했다. 복병이라고는 생각할 수 없었다. 그렇다면 들도적들일 터였다. 정규군이 아닌 소수의 군사들을 습격하여 칼과 갑옷을 빼앗는 들도적들은 바로 농민들이었다. 전쟁으로 군사들에게 매번 빼앗기기만 하던 농민들은 소수의 군사일 경우 매복했다가 습격을 했다.

어둠 속에서 내지르는 죽창에 찔려 측근들이 하나 둘 말에서 떨어졌다. 미쓰히데는 어느 순간 허벅지에 뜨거운 것으로 지지는 듯한 아픔을 느꼈다. 그러자 곁의 측근이 미쓰히데의 말 엉덩이를 쳤다.

「주군, 사카모토 성까지 멈추지 마십시오.」

그것은 미쓰히데가 세상에서 마지막으로 들은 말이 됐다. 사카모토 성은 자신의 거성이었다. 그곳에만 가면 군사들을 모아 다시 한번 천하를 걸고 싸울 수 있으리라 여겼다. 얼마쯤 달려갔을까, 이번에는 옆구리에 화끈한 느낌이 왔다. 그리고 끝이었다. 천하의 권력자 노부나가를 죽이고 교토를 장악한 지 나흘, 미쓰히데는 그렇게 정규군도 아닌 낙오병을 사냥하는 들도적들의 죽창에 목숨을 잃었다.

일본의 역사를 바꾼 자의 죽음치고는 너무도 허망했다.

대망형 인간 2호, 도요토미 히데요시

　대망형 인간 2호, 히데요시는 우리에게는 임진왜란을 일으킨 장본인이기에 조금 껄끄러운 면이 없지 않지만 어차피 그가 살았던 시대는 일본 전국 시대이고, 거기서 히데요시를 빼면 이야기 자체가 무의미해진다. 집필의 이유에서 밝힌 것처럼 우리에게 없는 기술을 잠시 빌려 오듯이 우리 역사에 없었던 체제와 시대로 잠시 들어가 살펴보는 기분으로 이야기를 계속한다.

　현대의 일본인들에게 이에야스를 닮았다고 하면 화를 내지만 히데요시를 닮았다고 하면 매우 좋아한다고 한다. 그것은 히데요시가 일본 역사상 가장 낮은 곳에서 가장 높은 곳까지 출세한 인물이기 때문이다. 히데요시가 그렇게 출세하게 된 이유는 바로 그의 인간성에 있었다.

　자신의 신분 때문에 늘 사람들에게 고개를 숙여야만 했던 못생긴 사내 히데요시의 가슴속에는 대망이 활활 불타고 있었다. 후대 사람들은 그 대망을 좋아한다기보다 상대에게 분노를 보이지 않고 고개 숙이는 히데요시의 성격을 좋아한다는 것이다. 히데요시를 보면 오늘날 일본인들이 일의 좋고 나쁨을 떠나 상대에게 수도 없이 고개를 숙일 줄 아는 면을 이해할 수 있다.

일본인들은 노부나가 하면 카리스마를 떠올린다. 이에야스는 음흉하여 너구리 영감이라고 불린다. 그러나 히데요시는 자수성가형 인간으로 통한다. 일본인들은 신이 존재하여 근세의 출발점에서 히데요시에게 일본의 앞날을 맡겼다고 주저 없이 말한다. 히데요시는 바로 오늘날 일본인의 정형(定型)을 만든 사내인 것이다.

히데요시는 처음에 성도 이름도 없었다. 그러다가 기노시타 도키치로라는 성과 이름을 얻은 후 이런저런 이유로 여러 번 이름과 성을 바꾸었다가 결국에는 고요제이 천황에게 도요토미라는 성을 하사받았다.

그의 위패가 있는 교토의 다이고지에 그가 생전에 쓰던 걸상이 있는데, 학자들은 그 걸상으로 히데요시의 키를 유추해 내었다. 150센티미터라고 하지만, 그보다는 조금 컸을 것 같다. 그래도 160센티미터는 넘지 않았을 것이니, 작다고 해도 여간 작은 게 아니다. 그렇게 키가 작아서 작가나 역사학자들이 아기처럼 아장아장 걸었다고 표현했던 바로 그 사내가 일본 천하를 거머쥐었던 것이다.

히데요시는 칼을 잘 쓰지 않았다. 그가 전장에 나가 적을 베어 공을 세웠다는 사료는 없다. 대신 그는 남들과 달리 항상 머리로 적을 압도했다. 처음으로 노부나가의 눈에 든 세이슈 성벽 보수는 오늘날에도 경제·경영학자들이 다투어 인용하는 사건이다.

노부나가가 아직 오와리의 다이묘였던 시절 세이슈 성의 전투로 인해 돌담이 1백 간(약 80미터)가량 무너진 적이 있었다. 노부나가는 당장 성벽의 수리를 명령했고, 공사 담당관이 많은 일꾼을 투입했음에도 20일이 되도록 공사는 지지부진이었다. 당시 땔감 담당 히데요시는 그걸 보고 자신이라면 3일 안에 공사를 마칠 수 있다고 호언장담했고 그 말을 들은 노부나가는 장난삼아 히데요시에게 그 일을 맡겼다.

히데요시는 기다렸다는 듯 인부를 전부 불러 모아 술과 음식을 내어 실컷 먹고 마시게 했다. 그러고는 이튿날 인부들을 50조로 나누어 2간식 일을 맡겼다. 처음에 무턱대고 1백 간을 수리하라고 하니 사람은 많아도 엄두를 내지 못해 일이 진척되지 않았던 것이다. **히데요시는 그걸 알고는 약간의 상금까지 걸고 일을 먼저 한 조는 상금과 휴가를 준다고 선전했다. 그랬더니 성벽은 이틀 안에 깨끗이 마무리되었다. 바로 능력제, 즉 도급제를 실시했던 것이다.** 보고를 받은 노부나가는 한방 얻어맞은 듯한 얼굴로 히데요시를 한참 동안 내려다봤다.

히데요시는 말재주가 좋았고 늘 사람들을 웃겼다. 그래서 그와 있으면 조금도 심심하지 않았다고 하니 정치가 체질이었던 모양이다. 히데요시는 생애를 통틀어 182회의 전투를 벌였다. 또 평생 10만 통의 편지를 썼다고 하는데, 그 편지를 받은 사람들은 말년에 그가 사랑했던 히데요리의 생모 요도기미에서부터 막졸까지 다양했다.

히데요시를 믿지 않았던 사람들도 히데요시의 편지를 받거나 독대를 하여 이야기를 나누면 곧 신뢰하게 되었다고 하니 사람을 다루는 솜씨 또한 남달랐던 듯하다.

히데요시는 주군의 복수라는 깃발을 올리고 전광석화처럼 미쓰히데를 격파한 후 오다 가문의 최고 실력자 서열에 올랐다. 그러나 아직 갈 길은 멀고 험했다. 그를 따르는 다이묘가 생겨나기는 했지만 서열 1위인 시바타 가쓰이에와 둘째 아들 노부카쓰는 그가 자리에 욕심을 부린다며 견제를 했던 것이다.

아케치 미쓰히데를 치고 6월 25일 기요스 성으로 가기 전 히데요시는 미쓰히데의 목을 찾아내 혼노지의 불탄 자리에 내걸었다. 이 선전의 효과는 엄청났다. 세상 사람들에게 히데요시의 공적을 또렷히 기억하게 하려는 매우 정치적 의미의 한 수였다.

기요스 성은 오다 가문의 발생지였으나 그때는 노부나가의 둘째 아들 노부카쓰의 거성이었다. 노부카쓰는 노부나가의 셋째 아들 노부다카와 배다른 형제로 나이가 같았다. 노부나가의 중신들은 둘째나 셋째냐로 나뉘어 있었고 서로의 주장을 굽히지 않았다. 그런 와중에 중신 모두가 모여 노부나가를 승계할 아들을 뽑자고 하였고, 이를 위해 히데요시도 온 것이었다.

회의는 본성 큰 방에서 열렸다. 노부카쓰와 노부다카는 자리에 참석하지 않았다. 중신들이 모이자 히데요시는 달변으로 자신이 미쓰히데를 단숨에 해치운 것을 떠벌렸다. 히데요시를 싫어하고 무시하는 중신들은 벌레 씹은 얼굴로 고개를 돌렸다. 그래도 히데요시는 상관치 않고 할 이야기를 다 했다.

시바타는 헛기침을 하며 회의를 시작했다. 그리고 자신은 셋째 노부다카의 기질이 노부카쓰보다 낫다는 이유를 들어 그를 지지한다고 선언했다. 그러자 상당수 중신들이 시바타를 지지하고 나섰다. 시바타가 그것 보라는 듯 좌중을 훑어보고는 히데요시의 의견을 물었다.

「나는 이해가 되지 않소. 주군이 정해 놓은 것을 다시 정하려는 것을 말이오.」

「그게 무슨 말이오? 후계자를 지정한 유언장이 나오기라도 했단 말이오?」

「졸지에 돌아가셔서 우리 모두 그런 건 없다고 알고 있잖소.」

「그래서 혼란을 없애기 위해 우리 중신들이 오다 가문의 후계자를 뽑으려고 모인 것 아니오.」

히데요시는 물 한 잔을 천천히 마시더니 시바타를 향해 돌아앉았다.

「시바타 님, 주군께서는 장자인 노부타다 님을 상속인으로 정해 놓으셨소. 그것에 이의는 없겠지요?」

「그 노부타다 님이 주군과 함께 돌아가신 걸 당신은 모른단 말이오?」

「이래서 나와는 말이 안 통하는 거요. 노부타다 님에게는 적자이신 미쓰보시 님이 계시오.」

그러자 히데요시의 편을 드는 중신들이 하나 둘 나섰다. 물론 히데요시가 미리 손을 써둔 것이었다.

「하시바(히데요시의 당시 성) 님의 말이 맞습니다. 노부타다 님에서 미쓰보시 님으로 올바르게 순서를 밟은 데는 누구도 반발이 없겠지요. 그러나 그 순서를 밟지 않고 노부다카 님을 세운다면 노부카쓰 님이 가만이 있지 않을 것이고, 노부카쓰 님을 세우면 노부다카 님이 가만히 있지 않을 것입니다. 그럼 가문이 어지러워집니다. 하시바 님의 말씀이 전적으로 맞습니다.」

중신들이 히데요시 편을 들자 시바타는 한 대 얻어맞은 표정으로 이를 악물었다. 히데요시에게 또 당한 것이었다. 그러나 그냥 물러나고 싶지는 않았다.

「그럼 하시바 님은 세 살 난 어린 주군을 보좌하여 가문을 다스릴 인물이 가신들 중에 있다고 보는 거요?」

「있고말고요. 모두 자신이 없다면 이 히데요시가 훌륭히 보좌하겠소.」

그러고는 시동에게 눈짓을 하고는 문을 열고 사라졌다. 시동이 한참 있다가 미쓰보시의 임석을 알렸다. 히데요시의 손길은 이미 시동에게까지 뻗쳐 있었던 것이다.

문이 열리고 나타난 것은 미쓰보시를 안은 히데요시였다. 그때까지 설전을 벌이고 있던 중신들이 엎드려 머리를 조아렸다. 맨 앞에 있던 시바타도 놀라 엎드렸으나 실제 속마음은 큰 소리로 울고 싶었다.

히데요시의 연출은 그것뿐만이 아니었다. 그는 미쓰보시에게 뭐라고 하더니 귀를 세 살 난 어린아이의 입에 갖다 대며 말했다.

「여러분, 미쓰보시 님이 말씀을 내리시겠다 하오.」

「옛!」

가신들이 모두 넙죽 엎드리며 소리쳤다.

「자, 충성스러운 가신들에게 한마디 하시지요.」

「수고들 많아요…….」

미쓰보시는 엎드린 가신들을 내려다보며 그렇게 말하더니, 놀란 토끼처럼 히데요시의 목에 매달렸다.

「이런, 미쓰보시 님은 히데요시를 너무 좋아하신단 말씀이야. 가신들에게는 무서워서 말도 못하시면서.」

그러더니 갑자기 얼굴과 목소리를 차갑게 했다.

「그럼, 이제부터 미쓰보시 님을 대신하여 이 히데요시가 중신들에게 영지를 분배하겠소. 불만이 있는 분은 나중에 말하시오.」

이때는 이미 노부카쓰와 노부다카도 들어와 있었다. 그들은 졸지에 히데요시의 가신이 된 듯 그 앞에 엎드려 자신들의 영지를 배급받았다. 그 영지는 옛 것을 무시하고 히데요시의 손에 의해 새롭게 작성된 것이었다.

이미 히데요시에게 충성을 맹세한 몇몇 중신들은 속으로 웃음을 참고 있었다. 그들은 하나같이 어제 하루 종일 히데요시가 미쓰보시와 친해지려고 한 상자나 되는 인형을 무기 삼아 가지고 놀던 장면을 떠올렸다. 처음에는 히데요시가 무서워 울던 미쓰보시는 한 시간도 되지 않아 히데요시의 손에서 인형들을 받아 쥐었다. 그 인형들은 히데요시가 사카이에 특별히 주문한 외국 제품이었다. 그리고 다시 두어 시간 후 미쓰보시는 히데요시에게 안겨 새근새근 잠이 들었던 것이다.

히데요시는 정치 9단이었다

히데요시는 미쓰보시를 앞세워 오다 가문의 권력을 움켜쥐면서 노부나가의 아들인 노부카쓰와 노부다카, 그리고 중신 우두머리인 시바타 가쓰이에가 자신의 전횡을 그냥 보고만 있지 않을 것임을 계산하고 있었다. 그는 다른 중신들에게는 영지를 바꿔 힘을 뺐지만 자신은 하리마, 야마시로, 단바, 가와치(모두 교토 인근의 영지)를 움켜쥐었다. 한마디로 노부나가가 하던 일을 자신이 하겠다고 출사표를 던진 것이었다.

히데요시 못지않게 세상을 바라볼 줄 아는 이에야스는 히데요시가 대권을 향해 쑥 나오자 숨을 죽이고 조용히 사태를 지켜보고 있었다. 이미 이에야스는 예전의 3개국에서 2개국을 더 합병하여 5개국을 다스리는 실력자로 변해 있었다. 그는 머지않아 시바타 가쓰이에와 노부나가의 두 아들들이 히데요시와 맞붙을 것이라 예상했다.

그때 그는 누구 편을 들 것인가 계산하면서 세력을 견고하게 다지기 시작했다.

히데요시는 시바타와 아주 가까운 중신들을 제외하고는 모두 자기 편으로 만들었는데, 이 과정에서 정치적인 수완이 총동원되었다. 시바타는 히데요시를 견제하기 위해 나쁜 소문을 퍼뜨리는가 하면, 때로 대리인을 시켜 히데요시의 잘못을 지적하는 힐문장을 보내기도 했다.

히데요시는 시바타의 힐문장을 가지고 온 호리 히데마사를 마치 자신의 가신인 양 맞았다. 히데요시는 주고쿠에서 미쓰히데를 치려고 할 때부터 히데마사에게 반말을 사용하였고 미쓰보시를 보좌하고부터는 마치 주군이 된 듯한 태도를 보였다.

「히데마사, 그대들은 아직 정치가 뭔지 모르는 풋내기들이다. 내 오늘 한 가지만 가르쳐 주겠다. 정치가 백성들의 희망을 쫓아가게 되면 그 정치는 실패한다. 백성들이 고달파서 고통스러운 신음을 뱉는 동안 생각지도 못한 행복을 불쑥 안겨 줘야 진짜 고급한 정치라고 할 수 있다. 그러면 소리를 지르지 않더라도 백성들이 줄줄 따라온다. 그런데 백성들이 이것도 해달라, 저것도 해달라 하면 이미 늦어 버린 것이다. 그때는 늦었기 때문에 아무리 잘해 줘도 고마워하지 않고 오히려 아직도 멀었다, 아직도 부족하다고 불평한다. 그러니 좋은 정치는 백성들의 삶을 앞질러 희망을 보여 줘야 한다. 그렇게 하기 위해서 나는 앞으로 나섰다. 그런데 시바타는 뭔가? 그는 백성들이 뭘 원하는지도 모르는 고인 물 안의 개구리다. 고인 물은 곧 썩는다. 당연히 개구리도 죽는다.」

히데요시는 자신의 전횡을 나무라는 힐문장의 다섯 조항 중 네 가지는 무시하고 마지막 오다 일족이 이에야스를 도와 호조 가문을 쳐야 한다는 조항에만 관심을 보였다.

「그래, 이에야스를 도와 호조를 치자는 말이지. 사실은 이에야스와 손을 잡고 나를 치고 싶은 것이겠지.」

그의 말은 그대로 들어맞아 얼마 뒤 실제로 시바타는 히데요시와 맞붙었을 때 이에야스에게 동맹을 맺어 히데요시를 치자고 점잖게 요구해 왔다. 그러나 이에야스는 시바타를 돕지 않았다. 이에야스는 시바타와 히데요시 둘 다 상처를 입고 더 이상 재기하지 못하고 허덕이기를 바랐던 것이다.

그래서인지 어떤 학자들은 이에야스의 정치력이 히데요시보다 한 수 위라고 하기도 한다. 하지만 그것은 이에야스가 260여 년 이어진 바쿠후를 열었기에 이긴 자를 좋게 평가하기 위한 논리가 끼어든 까닭이다. 냉정하게 따지면, 정치 수완에서 이에야스와 노부나가 둘 다 히데요시의 적수가 되지 못한다.

우선 두 사람과 히데요시의 발판이 달랐다는 것을 들 수 있다. 두 사람은 세력은 약했지만 그래도 누대의 가신을 둔 다이묘의 자식으로 태어났다. 게다가 두 사람은 자신의 영지 내에서 가장 학식이 뛰어난 노신으로부터 교육을 받았다. 하지만 히데요시는 교육은커녕 어린 나이에 생활 전선에 뛰어들어야 했다. 그는 15세에 바늘 장사를 시작하여 일본 전국을 돌며 행상했다. 그때 보고 느낀 것들이 상당한 재산이 되어 히데요시의 지적 재산의 밑거름이 되었다고 할 수 있다.

훗날 이에야스와 맞붙었을 때 이에야스는 바로 히데요시의 이런 약점을 이용해 선전술을 펴 히데요시를 괴롭혔다. 바로 '히데요시는 상놈의 자식으로 주인의 아들을 치려는 역적'이라는 글을 전장 인근에 뿌려 히데요시의 감정을 자극했던 것이다. 흥분하면 진다고 생각하면서도 히데요시는 다른 때와 달리 성격을 다스리지 못하고 불같이 화를 냈다. 결국 그는 전투에서 졌는데, 뒤에 설명하겠지만 그 전투를 꼭 졌다고 하기는 어렵다.

왜냐하면 한 번은 이에야스가, 한 번은 히데요시가 이겼으며, 그것도 상대방의 주력을 꺾은 것은 아니었다. 이에야스가 이겼다는 것 역시 다른 일화와 마찬가지로 바쿠후 260여 년간 도쿠가와 가문을 신격화하는 과정에서 과대 포장되었다고 할 수 있다.

그건 그렇고, 히데요시는 시바타 가쓰이에와 노부카쓰, 노부다카가 군사를 일으키도록 그들을 자극하고 약올리기 시작했다. 모든 정치적 문제를 오다 가의 중신들과 의논하기는커녕 철저히 무시한 채 혼자 결정하고 주물렀다.

그때까지 노부나가의 적손 미쓰보시는 기요스 성에 그대로 있었다. 그것은 노부나가가 생전에 지은 마천루 아즈치 성의 보수가 늦어졌기 때문이었다. 미쓰히데의 모반 때 아즈치 성이 불탔고, 그 수리가 아직 끝나지 않았던 것이다. 겉으로는 그랬지만 사실은 노부카쓰가 미쓰보시를 인질로 잡고 있었다.

정치 9단 히데요시는 아즈치 성의 보수가 완료된다고 해도 미쓰보시를 억지로 데려올 생각이 없었다. 노부나가를 승계한 이상 그 어린아이는 그저 상징일 뿐 실세와는 거리가 먼 까닭이었다.

히데요시는 미쓰보시를 보좌할 생각은 아예 없었다. 단지 노부나가의 두 아들과 오다 가 중신들의 세력을 꺾기 위해 미쓰보시라는 아이가 당분간 필요하다고 판단했던 것뿐이다. 그래서 그는 아즈치 성의 보수를 서두르지 않았다. 대신 자신에게 노부카쓰와 노부다카, 시바타가 싸움을 걸어 오도록 자극하는 데 더 신경을 썼다.

마침내 히데요시는 그들이 꼼짝 못할 함정을 마련했는데, 그것은 노부나가의 성대한 장례식을 이용하는 것이었다. 히데요시는 이번에도 서기며 군담 작가인 오무라 유코와 양자 히데카쓰를 부른 후 말없이 한동안 굵은 눈물을 흘렸다.

「유코, 뒷날을 위해 내가 하는 말과 행동을 빠짐없이 기록하도록 하라.」

「옙.」

눈물을 훔친 히데요시가 자못 비장한 얼굴과 목소리로 말했다.

「나와 우대신(노부나가) 님의 가문은 형제나 다름없다. 그러니 우는 것만으로 이 슬픔이 끝날 리 없다. 울고만 있다면 어린아이의 슬픔과 무엇이 다르겠는가. 그래서 나는 우대신 님의 장례식을 치르기로 결심했다. 우대신 님의 가문에는 친척도 많고 가신도 헤아릴 수 없을 만큼 많다. 그래서 이 히데요시가 주제넘은 행동을 하면 오해를 받을까 그동안 주저했다. 그러나 이제는 아니다. 보라, **이 무슨 신의 없는 세상인가. 우대신 님의 수혜를 누구보다 많이 입은 그들은 아직까지 장례식에 대해 입을 여는 자가 없다. 참으로 분하고 억울하고 속상하다. 어제의 친구가 오늘은 원수로 변할 수 있고, 어제의 화려하고 보기 좋던 꽃이 오늘 쓰레기가 되는 것을 막을 수 없다.** 아, 나라고 내일 일을 어찌 알 수 있으랴. 하여, 미천하고 가난한 아녀자라 할지라도 조의할 뜻이 있는 자들을 위해 이 히데요시는 우대신 님의 장례식을 거행하기로 했다. 히데카쓰, 유코 내 뜻을 알겠나?」

「옙!」

두 사람은 눈물을 흘리면서 엎드렸다. 히데요시의 말은 무엇 하나 틀린 점이 없었다. 노부나가의 두 아들과 시바타를 위시한 반 히데요시 파들은 이번에도 어, 하는 사이에 또다시 몽둥이로 목덜미를 얻어맞은 꼴이었다.

그리하여 히데요시는 10월 11일부터 10월 17일까지 노부나가의 장례식을 거행하기로 하고 준비를 시켰다. 정치 9단 히데요시의 아름다운 신의로 포장된 무서운 책략은 그렇게 시작됐다.

히데요시가 노린 대로 반 히데요시 파들은 장례식에 참석하지 않았다. 아니, 참석할 수도 없었다. 모든 것을 히데요시는 독단적으로 처리했고 그들이 참석할 수 없도록 만들었던 것이다. 히데요시는 장례식을 주관하는 다이코쿠지에 보란 듯이 쌀 5백 석을 기부하고 소문을 퍼뜨리게 했다. 그리고 교토는 물론 장례식이 벌어진 다이코쿠지 인근에 군사 10만을 풀어 에워쌌다. 백성들의 보호가 목적이라고 했지만 사실은 노부나가의 아들들과 중신들의 부대를 막기 위해서였던 것이다.

장례는 그야말로 화려하게 치러졌다. 염불을 외는 스님이 5백여 명이었으며 향나무로 시체를 만들어 가장했다. 화장을 하기 위해 불을 붙이자 온 사방이 향이 타는 냄새로 그득했다. 나무 시체뿐 아니라 화장을 하는 나무도 상당수가 향나무였기 때문이다.

교토의 시민들과 사카이 상인회, 히데요시에게 우호적인 무사들은 이것으로 천하의 주인은 히데요시라고 단정 지었다. 참석은 안 했지만 이에야스도 그렇게 생각하고 있었다.

히데요시는 장례식이 끝난 이튿날인 10월 18일, 노부카쓰에게 25항에 달하는 노부나가 아들들과 시바타 가쓰이에의 잘못을 힐난하는 편지를 보냈다. 그중에서도 장례식에 참석하지 않은 불충을 심하게 꾸짖었다. 그것은 선전 포고나 마찬가지였다.

그 편지 내용은 곧 시바타 귀에도 들어갔고 시바타는 히데요시와의 일전을 피할 수 없다는 결론을 내렸다. 물론 그 모든 것을 히데요시는 예상하고 있었다. 시바타의 영지 에치젠은 눈이 많아 겨울에

전쟁을 일으킬 수 없다는 것도 알고 있었다. 그러나 히데요시는 상
대의 목을 조이려면 겨울부터 시작해야 한다고 계산했다.

부하를 감동시킬 줄 아는 상사는 성공한다

히데요시는 재주가 많았지만 그중에서도 특별했던 것은 상대의 마음을 빼앗는 것이었다. 시바타 가쓰이에와의 헤게모니 싸움에서 이길 수 있었던 것도 바로 이 특별한 재주 덕이 컸다.

시바타는 히데요시가 드러내 놓고 싸움을 걸어 오자 우선 겨울을 나야겠다고 생각하고 자신의 양자인 시바타 가쓰도요와 노부나가의 오랜 측근이며 믿을 수 있는 마에다 도시이에, 그리고 중신 3명을 화평의 사자로 히데요시에게 보냈다.

히데요시는 녹을 듯한 미소로 그들을 반갑게 맞이하고는 우선 오랜 친구인 도시이에의 마음을 어루만져 주었다.

「집사람은 잘 있겠지? 우리 집사람도 걸핏하면 자네 집사람 얘기를 한다네. 어서 빨리 평화가 와 부부 동반으로 만나면 좋겠는데, 그렇지 않은가?」

「그러고 보니 몇십 년이 흘렀군요.」

마에다 도시이에는 사자로 온 자신의 신분에 걸맞게 대답했다. 예전의 도시이에는 노부나가를 모시는 시동(侍童)이었다. 노부나가는 도시이에와 친구처럼 지내며 보좌를 받았지만 당시 히데요시는 짚신을 지고 말을 쫓아 뛰어다니는 신분이었다. 그런데 도시이에가 같은 시동과 결투를 벌이다 상대를 죽인 일이 있었다. 도시이에는 노부나가에게 사실대로 말하고 잘못에 대한 벌을 받으려 했다. 그때 히데요시가 특유의 달변으로 도시이에를 설득하여 잠시 도망하게 했던 사건이다.

도시이에는 열두 살 난 약혼녀를 업고 히데요시의 도움으로 오와리를 탈출하는 데 성공했다. 노부나가는 체포령을 내렸지만 철저하게 뒤를 쫓지는 않았다. 그만큼 도시이에를 아꼈다고 할 수 있다. 도시이에는 여러 나라를 방랑하면서 돌아올 기회를 엿보고 있었다. 그러다가 노부나가가 오케하자마에서 이마가와 요시모토와 일전을 벌일 때 낭인들을 불러 모아 공을 세웠다. 그 정보를 도시이에에게 알려 준 것도 히데요시였다. 도시이에는 공을 세운 덕에 면죄를 받고 복직되었다.

그리고 이제 20여만 석의 어엿한 다이묘가 되어 있었다. 도시이에는 누대에 걸친 오다 가문의 가신으로 시바타와 불알친구였다. 그런 도시이에를 히데요시는 마치 자신의 가신처럼 등을 쓸어 주며 부인 얘기를 꺼낸 것이었다. 그것은 예전에 생명을 구해 줬다는 것을 상기

시키는 언행이었다. 도시이에의 마음은 올 때와 조금씩 달라져 갔다.

뿐만이 아니었다. 히데요시는 결핵으로 몸이 수척한 가쓰이에의 양자 가쓰도요에게도 마치 아버지 같은 목소리로 병을 걱정해 주었다.

「그대는 병중이라고 아는데, 고생이 많네. 그러나 너무 걱정 말게. 그대의 아버지가 화평을 하고 싶다면 나도 찬성이네. 자, 가볍게 한잔 들고 준비를 해뒀으니 가서 편히 쉬게.」

그러나 히데요시는 따라온 중신 세 명에게는 말도 건네지 않았다. 바로 그런 그의 행동 때문에 가쓰도요나 도시이에의 눈에는 그들 세 명이 히데요시의 사람이라는 느낌을 갖게 했다. 물론 그것은 철저하게 계산된 행동이었다.

히데요시는 그 밤 자신의 방에 도시이에의 이불도 펴게 했다. 도시이에와 함께 누워 이런저런 얘기를 나누면서 넌지시 자신이 패권에 관심이 있음을 드러냈다.

「도시이에, 지금 천하는 오다 가문의 것만은 아니네. 아직 무릎을 꿇려야 할 다이묘가 열 명은 되네. 그들이 모두 힘을 합친다면 우리도 어쩔 수 없을 것이네. 그러나 각자의 욕심이 달라 합칠 수가 없는 것이라네. 우대신도 돌아가시기 전까지 그들을 치기 위해 많은 노력을 아끼지 않으셨지. 그런데 통일을 눈앞에 두고 돌아가시고 말았어. 그러자 그들은 다시 기세를 펼치려 하고 있네. 이제 그들을 꺾으려면 예전보다 몇 배의 힘이 들지. 그런데 그 일을 시바타나 우대신의 두 아들이 할 수 있을 것 같은가? 나는 언제든 천하를 위해 오다 가와 일전을 할 준비가 되어 있네. 시바타가 겨울을 나기 위해 자네를 보냈지만 나는 겨울을 그대로 보내지 않겠네. 하지만 자네를 위해 화평을 한다는 서약서는 쓰겠네. 자네는 서약서를 시바타에게 주고 영지로 돌아가게. 그런 다음에 내가 움직이겠네.」

도시이에는 히데요시가 자신을 생각하는 마음이 아름답게 느껴졌다. 그만큼 그는 전쟁이 일어나면 누구를 편들지 고민했다. 그래서 히데요시에게 시바타와 싸우면 자신은 영지를 버리고 중이 되겠다는 말까지 했다. 자신을 위해 서약서를 쓰겠다는, 그리고 그 서약서와는 상관없이 시바타를 치겠다는, 생각하기에 따라서는 매우 심각한 비밀을 털어놓은 것이었다.

도시이에는 눈물이 흐를 만큼 감동하여 그 밤 히데요시와 많은 얘기를 나누다가 새벽녘에야 잠이 들었다.

히데요시는 시바타의 양자에게도 특유의 다정한 손길을 뻗쳤다. 아침 일찍 일본 내에서 명의라고 소문난 의원을 불러 진맥을 하여 약을 짓게 하는가 하면, 말끝마다 병을 걱정하여 병자를 감동시켰다. 결국 시바타의 양자 가쓰도요는 전쟁이 터지기 전 병으로 죽었다. 그러나 그는 죽기 전 히데요시와 싸우는 양부 시바타가 어리석다고 측근에게 말했다고 하니, 히데요시의 정치 수완은 알아 줘야 할 것 같다.

도시이에는 시바타와 히데요시가 싸울 때 시바타 편을 들지 않았다. 그의 영지는 최전방이었다. 그는 히데요시 군이 진격해 오자 성문을 활짝 열고 히데요시를 맞아들였다. 거기서 끝나지 않고 도시이에는 히데요시 군의 선봉에 서서 에치젠으로 쳐들어가 시바타 가문을 멸망시키는 걸 도왔다.

친구를 자신의 방에서 재우는 히데요시 특유의 교유 방법은 도시이에를 한편으로 만들었을 뿐만 아니라, 훗날까지 충신이 되게 했다. 히데요시가 죽고 열두 살의 히데요리가 위태롭게 오사카 성을 지키고 있을 때, 히데요시 가문의 중신 우두머리로서 패권을 호시탐탐 노리는 이에야스와 팽팽히 맞선 자는 오래 결핵을 앓아 서 있기조차 힘들었던 마에다 도시이에였다. 그를 중심으로 서군과 동군이 나누어졌고, 비록 그는 죽어 그 전투에 참가하지 못해 그 대신 미츠나리가 지휘했지만 일본의 역사를 풍성하게 한 세키가하라 전투가 탄생된 것이다.

히데요시는 노부나가를 뛰어넘었다

노부나가가 일개 오와리의 다이묘에서 천하의 실력자로 불쑥 나설 수 있었던 것은 남들보다 시대를 앞서 읽어 총이라는 과학을 신뢰하고 적극 활용한 까닭이었다. 그런 노부나가를 히데요시는 짚신 담당부터 수발해 왔다. 그러므로 누구보다 노부나가의 장점과 단점을 잘 파악하고 있었다. 그중에서도 노부나가의 특기인 전광석화 같은 군사 이동을 히데요시는 가장 잘 활용했다. 한마디로 히데요시는 군사 작전 면에서 노부나가의 수제자인 셈이었다.

사자로 왔던 마에다 도시이에 등이 떠나자마자 히데요시는 군사를 일으켜 질풍 같은 속력으로 나가하마 성을 공략하여 혼을 뺀 후 기후 성을 포위했다. 기후 성은 노부다카의 거성이었다. 히데요시의 번개 같은 솜씨에 시바타 가쓰이에와 기요스 성의 노부카쓰는 깜짝 놀라 멀거니 기후 성을 바라보기만 할 뿐이었다.

오줌을 쌀 만큼 놀란 노부타다는 두 손을 번쩍 들어 항복하면서 인질을 보내왔다. 그러자 히데요시는 이번에도 번개 같은 속력으로 철군했다. 자신에 맞서 대항하던 노부나가의 두 아들 중 한 명을 털어 버린 것이었다.

다음 해 시바타는 먼저 이세에서 군사를 일으키게 했다. 이 작전은 히데요시의 주력 부대를 이세로 집중시킨 후 뒤를 치겠다는 전략이었다. 이세에서 군사를 일으킨 시바타는 직접 군사를 이끌고 아직 눈이 녹지 않은 3월에 에치젠을 떠났다. 시바타가 오미에 올 때까지 모든 준비를 마치고 기다리던 히데요시는 이번에도 번개 같은 속력으로 비와 호 북쪽 시즈가타케에서 시바타의 앞을 가로막았다.

시즈가타케 전투는 히데요시나 시바타에게는 건곤일척의 운명을 결정짓는 한판이었다. 이 전투에서 이기면 히데요시는 명실 공히 오다 가뿐만 아니라 전 일본의 실력자로 우뚝 설 것이고, 시바타가 이기면 천하의 주인공은 바뀌게 될 확률이 높았다. 하지만 이런 가설에 일본의 학자들은 고개를 절레절레 젓는다. 그들은 시바타가 히데요시를 이겼다고 해도 이에야스가 있었으니 천하의 주인은 시바타가 될 수 없었고, 오히려 이에야스의 진출이 훨씬 더 빨라졌을 것이라고 판단한 것이다.

어쨌든 결론부터 말하자면 시바타는 히데요시의 적수가 되지 못했다. 히데요시가 마에다 도시이에에게 말했듯 히데요시가 시대를 읽는 혜안을 가졌다면 시바타는 고인 물, 즉 너무도 수구적인 인물이었다. 그렇다고 시바타나 노부나가의 아들들이 두 손을 묶어 놓고 히데요시에게 천하를 갖다 바친 것은 아니었다. 그들은 끝까지 싸웠고 히데요시는 서두르지 않고 그들을 차례차례 멸망시켰던 것이다.

시즈가타케의 시바타 군은 약 2만, 히데요시 군은 4만이었다. 히데요시는 이 점에서도 노부나가의 전략, 즉 군사의 수가 적보다 2배는 되어야 한다는 걸 착실히 답습하고 있었다. 히데요시도 노부나가처럼 평생 한 번의 모험을 했는데, 바로 주군의 복수전이었다. 처음에 달려갈 때는 적보다 훨씬 적은 수였고 아무런 작전도 없었다. 그에게는 오직 분노와 신의가 작전이요, 전략이었다. 그 과정에서 히데요시의 신의에 반한 다이묘들이 대거 참가하여 마침내 적보다 아군이 많아졌던 것이다.

히데요시는 전선이 넓었음에도 시즈가타케에서 승부가 날 것으로 보았다. 그것은 시바타도 마찬가지였다. 시바타는 히데요시의 마음을 읽은 것이 아니라 수십 년 노부나가의 장수로 같이 지내면서 그의 전투 방법이나 전략을 속속들이 알고 있었던 것이다. 그리하여 시바타는 히데요시를 이길 수 있는 길은 오직 인내라 판단하고 진을 친 채 웅크리고 움직이지 않았다. 그렇게 하면 히데요시는 맥이 빠져 돌아가거나 먼저 공격해 올 것이었다. 그때 적절히 대처하면 된다는 전략을 세웠던 것이다.

양군은 서로 진을 굳건히 치고 노려보면서 보름을 보냈다. 어느 부대건 공을 세우지 못해 안달하는 젊은 장수가 있기 마련이다. 시바타의 조카 사쿠마가 바로 그런 장수였다. 사쿠마는 삼촌인 시바타에게 히데요시 군을 공격하게 해달라고 날마다 졸랐다. 그러나 히데요시의 전략을 너무도 잘 아는 시바타는 출전을 허락하지 않았다.

세작들로부터 그런 사정을 전해 들은 히데요시는 사쿠마가 멧돼지처럼 덤벼든다면 이 싸움에서 이길 것이라 생각하고는 함정을 팠다. 그것은 히데요시가 친위군을 이끌고 다른 전선으로 가는 것처럼 속이는 방법이었다. 이 작전은 측근 몇만 빼고는 아군도 모두 히데요시가 정말로 떠나는 줄 알고 있었다.

히데요시가 2만 명의 군사를 이끌고 시즈가타케를 떠났다는 사실을 전해 들은 사쿠마는 시바타를 졸라 댔다.

「삼촌, 히데요시가 없다면 저들은 겁낼 상대가 아닙니다. 또 군사들의 수도 이제 우리와 비슷합니다. 무엇이 겁나 공격을 못하게 하십니까?」

「덤비지 마라. 히데요시는 여우와 같이 약은 자다. 그의 체구가 작다고 무시했다가 황천으로 간 무사를 난 수도 없이 봤다. 그가 전략을 세우지 않고 시즈가타케를 떠났을 것 같으냐.」

그래도 사쿠마는 어렵게 찾아온 기회를 놓치고 싶지 않았다. 사쿠마는 계속해서 시바타에게 간청했다. 문득 시바타도 히데요시가 없다면 사쿠마의 용맹으로 적을 한번 휘젓는 것도 좋을지 모른다는 생각을 하게 됐다. 설득하려다가 조카에게 설득을 당한 것이었다.

「이겼다고 해도 그 즉시 돌아오겠다는 약속을 할 수 있겠느냐?」

「하겠습니다.」

「그렇다면 내일 출전해라. 명심해라. 적을 이겼다고 해도 바로 돌아와야 한다. 적의 진지를 빼앗아 야영을 해서는 절대로 안 된다.」

그러나 이튿날 출전한 사쿠마는 그 명령을 따르지 않았다. 너무도 쉽게 히데요시 군의 두 진지를 점령한 사쿠마는 돌아가기는커녕, 야영을 하면서 오히려 시바타에게 나오라고 수차례 연락병을 보냈다. 시바타는 계속 돌아오라고 달래며 경고했지만 사쿠마는 삼촌이 늙었다고 비웃으며 그 명령을 따르지 않았다.

마치 여행이라도 하듯이 느긋하게 행군하던 히데요시에게 사쿠마 군이 출전했다는 소식이 전해진 것은 오후 2시경이었다. 히데요시는 그 연락을 받고 벌어지는 입을 다물지 못했다. 자신이 쳐놓은 덫에 걸린 멧돼지를 요리하기 위해서는 전속력으로 돌아가야 했다.

군사를 돌린 히데요시는 주력 부대를 경무장시키고 한 부대에게는 남은 보급품을 가져오게 했다. 이른바 보급대를 활용한 전술이었는데, 다른 다이묘들은 이런 전술을 알지도 못했다. 경무장한 부대는 전속력으로 시즈가타케를 향해 달려갔다. 여기서 히데요시와 사쿠마의 계산은 이틀이나 차이가 났다. 사쿠마는 히데요시가 연락을 받고 아무리 빨리 달려온다고 해도 이틀 후 늦은 오후가 될 거라고 계산했다. 그것은 정상적인 계산법이었다. 그러나 히데요시는 그 상식을 깨고 자지도 않고 생쌀을 씹어 배를 채우면서 말을 달려 그날 밤에 돌아왔던 것이다.

노부나가가 요시모토를 적은 수의 군사로 물리쳤던 비결은 재빠른 속도전이었다. 자신이 세운 쇼군 요시아키가 반기를 들었을 때도 노부나가는 누구나 일주일이 걸릴 것이라 생각한 거리를 단 3일에 달려와 허를 찔렀다. 그러고 보니 서양의 전쟁 영웅들도 모두 스피드로 전쟁을 이겼다. 그들은 적이 상상할 수 없는 속력으로 달려와 준비가 덜 된 상태의 적을 짓밟았던 것이다. 한니발도 알렉산드로스도 카이사르도 모두 적이 계산한 시간보다 훨씬 빨리 나타나 적을 당황하게 만들었다.

히데요시는 그런 점에서 노부나가를 뛰어넘었다. 한마디로 청출어람인 것이다. 번개처럼 돌아온 히데요시 군을 보고 기겁을 하여 혼이 나간 사쿠마 군은 후퇴하다가 히데요시 군에게 처절하게 전멸 당했다. 일본의 역사가들이 침을 튀기며 자랑하는 시즈가타케의 칠본창이라는 히데요시의 젊은 사무라이들의 전투가 벌어졌던 것이다.

시바타는 군사를 모두 잃고 그 자신도 시즈가타케에서 죽으려고 했지만 가신이 대신 투구를 쓰고 죽는 바람에 겨우 20여 기의 호위를 받으며 거성으로 돌아갔다. 하지만 밧줄을 묶고 양쪽 끝을 당기듯 히데요시의 포위망은 바짝바짝 조여 왔다. 결국 시바타는 사랑하는 가족을 직접 베고는 집에 불을 지른 후 적이 보는 앞에서 할복하여 창자를 내던지며 장렬하게 죽었다.

시바타의 부인은 노부나가의 누이동생인 오이치로 시바타와는 재혼이었다. 처음에 그녀는 아사이 나가마사에게 시집갔지만 남편이

쇼군 요시아키와 공모해 노부나가를 배신하는 바람에 오빠에게 멸망당했다. 그리고 오빠의 가신들 중 우두머리인 시바타와 다시 결혼했는데, 실제로 그녀를 오래도록 짝사랑한 사람은 히데요시였다.

히데요시는 시바타 가쓰이에의 죽음에는 눈 하나 깜빡하지 않았지만 오이치의 죽음에는 아까워 혀를 찼다. 그러나 오이치는 자신의 세 딸을 히데요시에게 부탁하고 죽었는데, 그 자식들은 모두 아사이 나가마사의 혈육이었다. 그중에서 첫째인 차차히메는 먼훗날 히데요시가 천하의 주인인 간파쿠가 되었을 때 측실이 되어 모두 포기하고 있던 히데요시의 아들을 낳아 주었다. 그 자식이 바로 비극의 씨앗이 되는데, 어찌 됐건 시바타가 죽었을 때는 아직 그런 조짐이 조금도 보이지 않았다.

버티고 섰던 시바타가 죽자, 히데요시가 천하의 주인이 되리라는 것은 교토의 삼척동자도 알고 있었다. 히데요시는 시바타 가문을 멸망시킨 후 그 영지를 마에다 도시이에에게 맡겼다.

교토로 돌아온 히데요시는 오사카에 성을 쌓기 시작했다. 이미 노부나가의 거성이었던 아즈치 성의 수리가 다 끝났지만, 그는 성에 차지 않았다. 히데요시에게는 천하를 다스릴 새 마천루가 필요했던 것이다.

히데요시는 한 번도 노부나가의 적손(嫡孫) 미쓰보시를 찾지 않았을 뿐 아니라 이름도 입에 담지 않았다.

이에야스의 차 항아리 이야기

히데요시가 시바타 가쓰이에 가문을 멸망시키고 20여 개국을 거머쥐자 이에야스는 전승 사자를 보내야겠다는 생각을 했다. 이에야스는 시바타가 구원을 요청했을 때 허락도 거절도 않는 어정쩡한 태도로 시간을 보냈었다. 그는 시바타와 히데요시 모두 치유되기 어려운 중한 상처를 입기를 바랐지만 히데요시는 조금의 상처도 입지 않고 천하를 삼킨 것이었다.

같은 급의 다이묘라면 적당히 인사치레를 하면 그만이었다. 하지만 히데요시는 노부나가의 후계자를 자청하며 일본의 통일을 운운하는 큰 실력자로 변해 있었다. 전승을 축하하는 선물로는 주로 갑옷이나 말 갑옷, 혹은 황금이 주로 이용되었으나 이에야스는 망설였다.

'앞으로 히데요시와 싸우게 될지도 모른다. 그런데 전쟁에 필요한 것들을 주면 그 화살은 나를 향해 날아올 것이다. 그런 것말고 히데

요시가 입을 쩍 벌리고 아무 말을 할 수 없는 기막힌 선물이 없을 까……'

며칠 동안 고민에 고민을 되풀이하던 이에야스가 어느 날 무릎을 치며 기뻐했다.

'그렇다. 그거라면 허영을 좋아하는 히데요시의 입을 막을 수 있을 것이다. 그럼 어디 사쿠자를 불러 그의 생각을 한번 들어 보자.'

혼다 사쿠자에몬은 이에야스 가문에 누대로 충성을 바쳐 온 노신 중 한 명이었는데, 이자는 주군인 이에야스가 잘못이라도 하면 대놓고 날카롭게 꾸중을 하는 당찬 무사였다.

「사쿠자, 천하를 슬쩍한 큰도둑에게 전승 사자를 보내긴 해야겠는데, 선물로 무엇이 좋겠는가?」

「듣지도 않을 말을 왜 묻습니까?」

사쿠자에몬은 예의 그 날카롭기 그지없는 목소리로 핀잔부터 주었다. 이에야스는 그런 사쿠자에몬의 성격을 잘 알았으므로 슬며시 장난기가 발동했다.

「황금으로 천 닢을 할까, 아니면 말 갑옷을 5백 벌 할까?」

「뭐, 아예 영지를 모두 갖다 바치면 도둑놈이 얼씨구나 하지 않을까요.」

「그것도 좋지. 그래서 말인데, 내 기쁨을 표시하는 데 그런 것은 너무도 부족하다는 것을 깨달았다. 그래서 나는 가장 소중히 여기고 아끼는 하스바나 차 항아리를 내놓기로 했다.」

「오! 주군도 생각을 할 줄 아시는군요. 그래, 마쓰다이라 기요베에가 바친 명품 차 항아리를 도둑놈에게 준다는 말이지요?」

전쟁이 언제 터질지 모르는 상황에서 황금이니 말 갑옷이니 할 때는 들은 척도 안 하고 혀를 차던 사쿠자에몬은 이에야스가 차 항아리 얘기를 꺼내자 웃음을 참느라 이를 물 지경이었다. 노부나가의 잉어 사건 뒤로 미카와 무사들은 차 항아리가 제아무리 명품이라 해도 그저 항아리일 뿐임을 모두 깨닫고 있었다.

「그렇지.」

「그런 기가 막힌 생각을 해 내시다니 장하십니다, 주군. 그러나 주군, 그냥 차 항아리만 줘서는 좀 곤란합니다. 그러니 그 항아리 값을 수천 배 부풀려야 그 도둑놈이 입을 헤벌리고 받을 것입니다.」

「부풀린다?」

「그렇습니다. 그 항아리는 말입니다, 기요베에가 목숨을 걸고 사카이에서 손에 넣은 천하제일의 다기입니다.」

「그게 정말인가?」

「알게 뭡니까. 그렇게 말하지 않으면 안 되니까 그렇게 말하는 것입니다. 하여간 기요베에가 항아리를 손에 넣자 온 일본의 이름 있는 다인들이 분해했습니다.」

「그럴듯하군.」

「그래서 기요베에가 주군에게 차 항아리를 바쳤을 때 주군은 미친 듯이 기뻐하면서 그토록 노랭이 주군이 5천 석의 영지를 상으로

「내린다고 했습니다.」

「이 음흉한 늙은이야, 좀 어지간히 하시게.」

「잠시만 참고 들어 보십시오. 주군이 5천 석의 영지를 상으로 내린다고 하자 기요베에는 화들짝 놀라 몸을 떨었습니다.」

「그건 또 왜?」

「아, 노랭이 주군이 나중에 틀림없이 영지를 아까워할 테니까요. 그럼 트집을 잡아 죽일지도 모르는데 어떻게 떨지 않겠습니까. 그래서 기요베에는 납작 엎드리며 상금은 받을 수 없다고 사양했습니다.」

「아주 이야기를 만드는구먼.」

「그래서 이번에는 주군이 기요베에의 후손들에게 모든 세금을 면제한다는 상금을 내리셨습니다. 그리하여 도쿠가와 가에서는 이 항아리를 5천 석짜리 항아리라고 합니다.」

이렇게 하여 그저 평범한 하스바나의 차 항아리는 무려 5천 석짜리로 둔갑하여 히데요시 앞에 놓이게 되었다.

이미 히데요시는 천하의 주인이 된 듯했다. 그는 노부나가의 아들 노부다카를 할복시키는데, 자신은 나서지 않고 노부타다의 형제인 노부카쓰를 앞세웠다. 그러나 세상 사람들은 히데요시가 옛 주인의 자식들을 차례로 쓰러뜨리고 있다며 쑥덕거렸다.

히데요시는 사자인 이시카와 가스마사 앞에서 이에야스를 도쿠가와 님이라고 부르지 않고 마치 자신의 부하인 양 이에야스로 불렀다.

「틀렸다.」

히데요시가 하스바나 차 항아리를 내려놓으며 말했다. 가스마사
는 잔뜩 긴장했다.

「틀렸다 하심은?」

「그것은 이 명기에 대한 모독이다. 내 안목으로는 말이야, 이 명기
가 10만 석은 되리라 본다.」

「10만 석……」

「그렇다.」

히데요시는 이렇게 말하고는 항아리를 흘낏 보았을 뿐 다시는 거
들떠보지도 않았다. 그도 이미 이에야스의 심중을 읽은 것이 분명했
다. 하지만 이에야스의 이런 의중에도 불구하고 히데요시와의 싸움
은 점점 현실로 다가오고 있었다. 히데요시는 이에야스와 우에스기
겐신 등 그때까지 항복하지 않은 다이묘들을 조여 오기 시작했다.
하지만 이에야스는 히데요시를 받들어 모시며 살 생각이 없었다. 그
는 이런 생각을 하고 있었다.

'농군의 자식 놈이 출세 좀 했다고 우쭐해 가지고는……'

오늘날에도 이런 유의 사람은 많다. 요행으로 많은 돈을 움켜잡고 거들
먹거리며 예전의 상전을 무릎 꿇리려는 자를 히데요시와 같은 유라 한다
면, 그런 그를 보며 겉으로는 고개를 숙이지만 마음속으로는 그의 과거를
들추어 업신여기려는 자들은 이에야스 같은 유라고 할 수 있으리라.

이에야스의 광고에 히데요시가 흥분했다

전국 시대를 연구하는 일본 학자들은 히데요시와 이에야스가 맞붙은 고마키 나가쿠테 싸움에 대해 많은 글들을 썼고 또 계속하여 쓰고 있다. 예전에는 입을 모아 이에야스를 칭찬했으나 근래에는 히데요시 편을 드는 학자들도 간혹 생겨나고 있다.

그러나 뻔한 사실을 갖은 재주를 피워 치장한 말과 글 중에 이런 말은 없다. 바로 히데요시와 이에야스의 마케팅 싸움이라는 말.

싸움을 즐기는 민족은 오늘날 거의 선진국에 올라서 있다. 그리하여 무조건 싸움에 고개를 돌리고 무시한다면 정작 적이 침범했을 때 어찌할 것인가. 그런 이유에서 히데요시와 이에야스의 싸움을 필자는 나름의 방법으로 이해하려고 노력했다. 그리고 그들의 싸움을 이름하여 마케팅 싸움이라고 명명해 보았다.

이 마케팅 싸움에서는 꾀돌이 히데요시가 너구리 이에야스에게

밀렸다. 그것은 예나 지금이나 크게 작용하는 정통성의 무게 때문이었다. 이에야스는 다이묘의 아들로 태어나 다이묘가 되었고, 히데요시는 가장 신분이 낮은 막졸의 아들로 태어나 천황과 쇼군을 제외한 인간이 올라갈 수 있는 최고 신분이 되었다. 그러자 히데요시를 인정하지 않고 대항하던 다이묘들은 히데요시의 신분이 천하다는 점을 전면으로 내세웠다.

이에야스는 그런 인간의 감정을 적절히 이용하는 마케팅을 펼쳤고, 히데요시는 감정을 다스릴 수 없어 펄펄 뛰는 통에 차분히 전략을 세울 수 없었다. 그래서 얼핏 보면 이 싸움은 이에야스의 승리처럼 보인다. 그러나 그것도 도쿠카와 바쿠후가 만들어 낸 신화인 듯 수상쩍다. 그렇더라도 꾀라면 누구도 따를 수 없는 히데요시를 펄펄 뛰게 만든 이에야스의 마케팅 전략은 박수 쳐줄 만하다.

사실 마케팅을 이용한 전술은 히데요시가 본래 한 수 위였다. 그는 3천 명이 움직이면 1만 명이라고 부풀려 소문을 냈고 2만 명이면 5만 명, 이런 식으로 상대를 불안하게 하는 데 거의 천재 수준이었다.

그런 히데요시도 이에야스와의 마케팅 싸움에서 자신의 신분 문제가 불거져 나오자 그저 성을 내며 이를 갈 뿐이었다. 훗날 히데요시는 천하를 차지하고도 이에야스의 눈치를 보며 접근하게 되는데, 바로 이에야스에게 선전전에서 호되게 맞은 후유증이 컸기 때문이었다.

홀로 남은 노부나가의 아들 노부카쓰는 자신이 우대신(노부나가)의 후계자임을 내세웠다. 천하를 노리던 히데요시는 코웃음을 치며 노부카쓰에게 신하로 복종할 것을 요구했다. 웬만하면 히데요시와 일전을 피하고 싶었던 노부카쓰는 더 이상 참지 못하고 이에야스에게 구원을 요청하는 한편, 히데요시와 싸울 준비를 했다.

이에야스도 노부카쓰와 동맹을 맺고 유아독존으로 날뛰는 히데요시를 견제하려 했다.

1584년 3월 히데요시는 노부카쓰의 유능한 측근 가로 세 명이 자신과 결탁했다는 소문을 은밀히 퍼뜨렸다. **그 소문을 들은 노부카쓰는 어리석게도 그 소문의 진상을 밝히려고도 하지 않고 세 명의 가로를 죽여 버렸다. 스스로 자신의 팔다리를 자른 셈이었다.**

히데요시는 이 기회를 놓치지 않았다. 가로를 죽인 것은 바로 자신을 향한 선전 포고라고 억지를 쓰면서 대군을 이끌고 출전했다. 그 상황에서 이에야스는 1만 5천 명의 군사를 일으켜 노부카쓰를 도우러 기요스 성으로 갔다.

히데요시 편에서 먼저 전략적으로 필요한 이누야마 성을 갈취했다. 그 성은 최전선에 있는 작은 성이었다. 성을 빼앗긴 것은 적이 잘했다기보다 노부카쓰의 지휘가 부족하여 생긴 일이었다.

이에야스는 곧 군사를 이끌고 노부카쓰를 재촉하여 오와리 평야를 한눈에 내려다볼 수 있는 고마키 산성으로 올라갔다. 얼마 후 히데요시 측 젊은 장수 모리 나가요시가 공적을 세워 보려고 고마키

산에서 멀지 않은 하구로에 진격해 왔다. 이에야스는 당장 한 무리의 부대를 보내 나가요시의 진영을 급습하여 쫓아 버렸다. 고마키 가까이 오는 것을 용납하지 않겠다는 행동이었다.

하구로의 패전 소식을 들은 히데요시는 4만 명의 대군을 이끌고 달려와 가쿠덴에 진지를 구축했다. 그리하여 히데요시의 4만 명과 이에야스의 1만 5천 명 군사가 서로 상대의 틈을 노리며 지구전에 들어갔다.

이에야스는 마케팅 전쟁을 고안해 내고 고마키 주변 마을에 히데요시를 욕하는 팻말을 세우게 했다. 곧 엄청난 숫자의 팻말이 세워졌다. 팻말에는 이렇게 씌어 있었다.

하시바(당시 히데요시의 성) 히데요시는 농군의 자식으로, 본래 말 앞을 뛰어가던 졸개였다. 그런 히데요시가 입 안의 혀처럼 굴며 우대신의 눈에 들어 장수로 발탁되어 제법 큰 녹을 먹더니 인간이 짐승으로 변해 버렸다. 히데요시는 하늘보다 높고 바다보다 깊은 우대신의 큰 은혜를 저버리고 주군의 자리를 뺏으려고 꾀하고 있다. 이 간사하고 짐승보다 못한 인간은 돌아가신 주군의 아들 노부다카 공과 그 가족을 학살하고, 한 분 남은 노부카쓰 공을 향해 칼을 뽑아 덤벼들고 있다.

이 대역무도함을 가만히 앉아 볼 수 없어 이에야스는 우대신과의 옛정을 생각하고 신의를 존중하여 분연히 군사를 일으켜 역적과 싸우고 있노라. 용기 있는 백성들이여, 히데요시의 천인공노할 반역에 격분하고 정의의 소중함을 생각하거든 칼을 들어라. 그리하여 함께 역적을 토벌하여 나라를 바로 세우고 평화를 찾자……

히데요시는 이 팻말을 보고 나서 손발이 떨리고 숨결이 거칠어져 풀썩 주저앉았다. 그 후부터 히데요시의 작전에 실수가 잦아졌다. 이에야스의 마케팅 전술이 성공을 거둔 것이었다.

그런 와중에 한 젊은 무장이 히데요시에게 이에야스가 고마키에 있으니 몰래 미카와로 쳐들어가는 게 어떻겠냐는 제안을 했다. 평소의 히데요시였다면 이에야스쯤 되는 자가 그 정도의 준비도 없이 나왔겠느냐며 버럭 소리를 질렀겠지만, 역적이라며 손가락질하는 이에야스를 제거하고 싶은 마음이 평소의 지혜를 덮고 있었다. 히데요시의 머릿속은 그 어떤 방법을 써서라도 이에야스를 없애고 싶다는 생각으로 가득 차 있었다. 그리하여 히데요시는 조카 히데쓰구를 사령관으로 하고 1만 5천의 병력을 쪼개 주었다. 그들은 한밤중에 소리 없이 미카와로 떠났다.

그러나 이에야스는 모든 가능성을 열어 두고 있었다. 세작으로부터 군사가 떠났다는 보고를 받은 이에야스는 어둠을 이용해 직접 군사를 이끌고 히데요시 몰래 산을 내려와 아침 식사를 하는 히데쓰구 군을 덮쳐 괴멸시켰다. 총사령관 히데쓰구는 겨우 목숨을 건져 달아났지만 대부분의 장수들과 군사들은 아침밥을 먹다가 목숨을 잃었다.

부하들을 잃고 초주검이 되어 도망쳐 온 히데쓰구로부터 소식을 들은 히데요시는 즉각 전군에 출동 명령을 내렸다. 그러나 달려간 나가쿠테에는 이에야스 군의 그림자도 없었다. 하는 수 없이 가쿠덴으로 철수한 히데요시는 고마키 산 위에서 펄럭이는 이에야스의 깃발을 보고는 넋을 잃었다.

「내가 먼저 당했구나.」

아직도 히데요시의 군사가 더 많기는 했지만 다시 실수를 하면 전투의 양상은 달라질 것이었다. 히데요시도 그 점을 잘 알고 있었다. 그래서 섣불리 선제공격을 할 수도 없었다. 게다가 이에야스는 요새와도 같은 고마키 산 위에 버티고 있었던 것이다.

싸움은 소강상태에 빠져 버렸다. 간혹 작은 전투가 발생했으나 대회전으로는 발전하지 않았다. 히데요시는 싸움을 빨리 끝내고 오사카 성으로 돌아가고 싶었다. 그래서 노부카쓰를 회유하여 강화를 맺었다.

노부카쓰와 강화를 맺었으니 이에야스의 싸움은 명분이 없어졌다. 또 겨울이 다가오고 있었고 싸운다고 해도 히데요시를 이긴다는 보장이 없었다. 아니, 20개국을 소유한 히데요시가 전력을 다해 치고 나올 경우, 자신의 5개국으로 그를 막는다는 것은 거의 불가능했다.

「이쯤에서 전쟁을 끝낼 테니 이에야스 아들과 중신의 아들 둘을 인질로 보내라.」

히데요시의 요구에 대해 미카와 중신들은 더 싸우자고 반발했지만 이에야스는 차남 오기마루를 인질로 보내기로 결정했다.

마침내 이에야스는 인질을 보내고 히데요시와 강화를 맺었다. 이에야스는 들판의 전투에서는 이겼으되, 대국적인 면에서는 졌던 것이다. 그러나 역사학자들은 고마키 나가쿠테 싸움을 이에야스의 승리라고 한입으로 칭찬한다. 하기야 당시에 히데요시를 그 정도로 혼내 줄 다이묘는 없었다.

히데요시에게 굴복하지 않은 다이묘들도 대치만 할 뿐 막상 싸움을 벌이지는 못하고 있었다. 그러다가 기회를 봐 슬며시 꼬리를 내리고 히데요시 밑으로 들어갔다. 그런데 이에야스는 노부카쓰의 구원 요청을 받고 즉각 출병했고 거대한 히데요시와 맞붙어 그를 궁지로 몰아넣었던 것이다. 그리하여 결과야 어찌 됐든 히데요시를 나가쿠테 전투에서 깔끔하게 이긴 것이었다.

처남 매제가 된 히데요시와 이에야스

히데요시에게 전승의 사자로 갔던 이시카와 가즈마사가 야반도주
하여 히데요시의 품에 안기는 사건이 일어났다. 이 사건에도 많은
학자들의 덧글이 붙었다. 오늘날에는 가즈마사가 이에야스를 위하
여 위장 망명을 한 것으로 판명 났다. 가즈마사가 묵시적으로 이에
야스의 허락을 얻어 히데요시의 가신이 되어 이에야스를 은밀히 도
왔다는 것이다. 가즈마사가 위기 때마다 히데요시의 마음을 움직여
옛 주군인 이에야스를 도운 것은 사실이다.

히데요시는 가즈마사가 자신 밑으로 들어오자 그것을 계기로 이
에야스에게 오사카로 와 신하의 예를 올리라고 재촉했다. 히데요시
는 천하통일의 대업을 이루기 위해 도카이도 지역의 패자인 이에야
스를 복종시키는 것이 아직 자신에게 굽히지 않는 다이묘들에게 확
실한 약이 된다는 것을 알고 있었다.

하지만 이에야스는 배추 밑을 도려내듯 단호히 거절했다. 그러자 히데요시가 이번에는 오다 노부카쓰를 내세워 이에야스를 설득하려고 했다. 하지만 노부카쓰도 이에야스를 설득하지 못했다. 이에야스는 오히려 국경을 맞대고 있는 오다와라의 호조와 동맹을 맺었다. 이미 호조와 이에야스는 사돈 간이었다. 호조 가에 이에야스의 딸이 출가를 하였으나 그동안은 서로가 팽팽하게 맞서 있어 동맹을 맺지 못하였는데, 이에야스가 몸을 낮추어 오다와라로 들어가 뚱뚱한 몸으로 춤까지 추며 호조의 비위를 맞추었던 것이다.

호조 부자는 이에야스가 히데요시를 견제하기 위해 몸을 낮추는 줄도 모르고 오직 자신들이 강하기 때문이라는 오만한 마음과 태도로 동맹을 맺었다. 애당초 호조는 그릇 면에서 이에야스의 적수가 아니었던 것이다.

그렇게 되자 초조한 쪽은 히데요시였다. 그리하여 이에야스에게 자신의 동생인 아사히히메를 출가시켜야겠다는 무리수를 두게 됐다. 그런데 문제는 그 아사히히메가 20여 년 전에 결혼했다는 것이었다. 비록 자식을 낳지는 못했지만 부부간 애정은 좋은 편이었다. 그런 아사히히메를 강제로 이혼시켜 이에야스에게 출가시키겠다는 것이었다.

인내 하면 이에야스라고 할 정도로 참는 데 일가견이 있는 이에야스도 아사히히메와의 결혼 이야기가 사자에게서 나오자 얼굴을 험악하게 일그러뜨리며 한동안 몸을 떨며 분노를 삭여야 했다. 그런 모습을 본 중신들은 이에야스가 전에 없이 몹시 화가 났음을 알았다. 히데요시 쪽 사자는 분위기에 질려 더 이상 아무 말도 못하고 돌아갔다.

이에야스는 어려서 결혼한 이마가와 요시모토의 조카딸 쓰키야마가 죽은 후 정실을 두지 않고 측실만 두었다. 먼 훗날 이에야스를 이은 2대 세이이타이쇼군 히데타다도 정실이 낳은 자식이 아니라 측실의 자식이었다. 하기야 그런 식으로 따지면 노부나가도, 훗날 히데요시도 마찬가지다. 그들의 정실들은 모두 아이를 낳지 못했던 것이다.

일본에서는 적통(嫡統)이 없으면 측실의 자식이 대를 잇는 데 문제가 없었다. 하기야 성을 수시로 바꾸는 사람들이니……

히데요시는 여동생과 이에야스의 결혼을 이런 식으로 설명했다.

「이미 이에야스와 나는 친척이다. 그것은 그의 아들 오기마루가 나에게 양자로 왔기 때문이다. 그러나 처남 매제가 된다면 더욱 가까워질 것이 아니겠나. 매제가 손위 처남을 만나러 오사카에 온다고 하면 누가 손가락질을 하겠는가.」

이에야스는 처음의 분노와는 달리 아사히히메와의 결혼을 생각했다. 그러자 이런 계산이 나왔다.

'히데요시는 천하통일을 위해 나에게 여동생을 인질로 주고 나를 오사카로 불러올리려 하고 있다. 그러나 안 될 말. 결혼은 몰라도 오사카까지 가는 것은 어림없다.'

히데요시는 여동생의 남편인 사지 휴가노카미를 불러 회유했다.

「내 동생과 이혼하면 5만 석의 영지를 주겠다. 그 정도면 평생 먹고사는 데 지장은 없을 것이다.」

하지만 사지는 눈물을 흘리며 말했다.

「고마우신 말씀이지만 이혼의 대가를 받는다면 무사의 체면이 서지 않습니다. 천하를 위하는 일이라니 아사히히메와 헤어지겠습니다.」

사지는 집으로 돌아가 서재에서 이혼장을 써놓고는 깨끗한 옷으로 갈아입고 할복했다. 그걸 안 아사히히메는 깊은 슬픔에 빠졌지만 오빠 히데요시의 욕심을 꺾을 수는 없었다.

아사히히메가 이에야스와 결혼할 당시는 44세였고, 남편인 이에야스는 45세였다. 당시는 여자가 35세가 넘으면 남자의 잠자리 시중을 들지 않았을 정도라고 하니 이 결혼이 어떤 목적을 띠고 있었는지는 너무도 자명해진다. 학자들의 요란스러운 연구에 의하면 이에야스와 아사히히메는 한 번도 잠자리를 갖지 않았다고 한다. 게다가 3년 후 아사히히메는 병이 들어 오사카로 온 뒤 곧 죽었다.

어쨌든 이에야스는 결혼을 하고도 상경할 생각을 하지 않았다. 속이 단 히데요시는 생각 끝에 이번에는 74세의 연로한 어머니를 이용하기로 했다. 그것은 아사히히메가 아프다는 소식을 듣고 그녀의 어머니가 병문안을 간다는 명목 하에 이에야스에게 인질로 보낸다는 것이었다.

이 소식을 들은 이에야스 중신들은 코웃음을 치며 히데요시가 어머니를 인질로 내놓을 리 없으며 오는 노파는 가짜가 분명하다고 단정 지었다. 그러나 오카자키 성에 온 히데요시의 어머니는 딸과 부둥켜안고 엉엉 울었다. 그것을 본 이에야스의 가신들은 비로소 의심을 풀었다.

「히데요시가 이렇게까지 나오는데 가지 않는다면 그것은 전쟁을 하자는 뜻이 된다. 더 이상 히데요시를 자극하지 말고 이번에는 가야 한다.」

이에야스는 그렇게 결정했다. 그러나 아직도 중신들은 주군의 상경을 말렸다. 그깟 노파와 주군의 목숨을 바꿀 수 없다는 논리를 내세우면서 강경하게 반대를 한 것이었다. 이에야스는 중신들을 모아 놓고 설득했다.

「나도 목숨은 아깝다. 그러니 뻔히 알면서 죽을 상경은 안 하겠다. 최측근 무장 여섯 명의 전 병력을 거느리고 가겠다.」

「예? 그, 그럼 2만이 넘습니다.」

「그렇다. 2만이 넘는다. 하지만 간파쿠의 매제가 상경하는 것이다. 오히려 좀 더 거느리는 게 좋지 않겠는가?」

그러자 둘러앉아 있던 중신들의 볼이 허물어졌다.

「호호호…… 히데요시라 해도 2만의 군사를 한번에 어쩔 수는 없을 것입니다. 주군, 과연 대단하십니다. 그런 줄 알았다면 소인들이 왜 반대를 했겠습니까. 소인들은 기껏해야 주군이 2백 내지 3

백 명의 호위를 받으며 상경할 것으로 생각했습니다.」

이에야스는 히데요시의 어머니가 도착한 다음 날, 마치 전장에 나가듯 2만 명의 어마어마한 군사를 거느리고 오사카로 상경했다.

주군 이에야스가 상경 길에 오르자 사쿠자에몬은 히데요시 어머니가 묵고 있는 집을 장작으로 겹겹이 둘러쌓았다. 그러고는 이런 소문을 퍼뜨렸다.

「만약 히데요시가 내 주군의 털끝이라도 건드린다면 당장 불을 질러 그 어미를 태워 죽이겠다.」

그 말을 훗날 전해 들은 히데요시는 간담이 서늘하여 이에야스의 중신들을 다시 보았다고 한다. 그리고 이에야스에게 이렇게 부탁했다고 한다.

「그 사쿠잔가 하는 친구는 제발 내 앞에 세우지 말게. 나를 보면 무슨 짓을 할지 어찌 알겠는가.」

이렇게 하여 히데요시는 마치 머릿속에 난 종기 같은 이에야스를 오사카로 불러오는 데 성공했다. 하지만 그 방법이 비열하다고 하여 죽어서도 역사학자들이나 작가들에게 적지 않은 비난을 받았다.

연출과 연기도 다스림의 하나다

연기는 배우에게만 필요한 것이 아니다. 각각 상대는 달라도 우리는 좋든 싫든 연기를 하면서 살아간다. 어쩌면 인생의 승패도 얼마나 연기를 잘하고 못하냐에 따라 결정나는 게 아닌가 싶다. 가정에서 하는 연기와 직장과 사회에서 하는 연기는 다르다. 선배들에게 하는 연기와 후배들에게 하는 연기도 다르며 강자와 약자 앞에서 하는 연기도 확연히 다르다.

그런데도 우리는 연기를 하며 인생을 살아간다고 생각하지 않는다. 연기는 배우들만 하는 것이 아니다. 오늘도 우리는 즐겁고 슬픈 울고 웃는 연기를 하고 있다. 때로는 엄숙하게 때로는 다정하게 혹은 착하거나 악하게.

이에야스가 2만 명의 군사를 이끌고 상경한다는 보고를 들은 히데요시는 한참 동안 말을 잊은 채 천장을 노려보았다. 애초부터 이에야스의 목숨을 노리고 상경을 권유한 것은 아니었다. 하지만 그 빈틈없는 준비성에는 할 말을 잃었던 것이다.

히데요시와 이에야스의 관직은 비교할 수 없는 위치에 있었다. 히데요시는 1년에도 벼슬이 몇 단계씩 올라 간파쿠가 되어 있었고, 이에야스는 종 4품인 사코다유에 불과했다. 그러나 당시 관위의 높고 낮음은 형식일 뿐이었고 진짜 실력은 몇만 명의 군사를 동원할 수 있느냐에 있었다.

모두 히데요시가 매섭게 화를 낼 것으로 알고 엎드려 있었다. 한참 동안 천장을 노려보던 히데요시는 사납던 눈빛을 풀고 조용한 어투로 명령을 내렸다.

「이에야스의 숙소는 히데나가(히데요시의 친동생)의 저택으로 한다. 히데나가는 집을 깨끗이 한 후 비우라. 또 이에야스와 그 군사들이 상경하는 데 조금도 불편이 없게 하라. 먹을 것과 잠자리 모두 넉넉하게 해결해 주어라. 나는 이에야스가 도착한 다음 날 오사카 성에서 만나겠다. 준비에 소홀함이 없도록 하라.」

측근들은 귀를 의심했다. 화를 낼 줄 알았는데 히데나가의 저택을 숙소로 제공한다면 예상보다 정중한 대접을 한다는 뜻이기 때문이었다.

그날 밤 이에야스의 숙소로 예고도 없이 히데요시가 불쑥 찾아왔다.

「못난 놈들. 이곳의 날씨가 하마마쓰보다 훨씬 춥다는 것을 모르느냐? 도쿠가와 님에게 화로를 올려라. 그리고 너무 어둡다. 촛불을 더 켜라!」

숙소에 있던 사람들이 히데요시의 목소리를 알아채는 데는 한참이 걸렸다. 숙박 시설 담당 행정관이 맨발로 달려 나오고, 곧이어 얼굴이 하얗게 질린 히데나가가 달려왔다.

「점잖게 기다릴 수가 없었다. 그래서 알리지 않고 이렇게 왔다. 오늘 밤은 우리 처남 매제끼리 정답게 한잔하겠다.」

얼마 후 히데요시와 이에야스는 술상 앞에 마주앉았다.

「도쿠가와 님, 우리는 천하의 평화를 위해 이렇게 만났소. 우대신님 이래로 그것이 우리의 소망이었소. 그것을 떠나서는 히데요시도 이에야스도 없는 것이오.」

「그렇습니다.」

「그래서 하는 말인데, 우리 둘뿐이니 툭 터놓고 나에게 무슨 부탁이든지 하시오.」

이에야스는 잠시 생각에 잠겼다가 눈을 반짝이며 한 무릎 다가앉았다.

「한 가지가 있습니다.」

「오, 바라는 것이 있다는 것이오?」

「그렇습니다. 각하가 입고 계시는 비단 전투복을 이에야스에게 주셨으면 합니다.」

「뭣이, 내가 입고 있는 전투복을?」

히데요시는 영문을 모르겠다는 듯 고개를 갸웃거리며 말했다.

「그건 곤란하오. 나는 간파쿠이며 무장이다.」

「그래서 원한 것입니다.」

「그래서 원하다니?」

「제가 오지 않았으면 몰라도 이렇게 와서 마음을 터놓고 각하를 모시기로 한 이상, 두 번 다시 각하께서 전투복을 입게 하지 않겠습니다.」

「그, 그럼 앞으로의 싸움은 임자가 하겠다는 것이오?」

「그렇습니다. 각하는 이제 편히 계십시오. 제가 싸우겠습니다.」

「놀랐소. 나도 말에는 자신 있지만 임자가 한 그 말은 생각도 못해봤소. 정말 대단하오, 이에야스 님.」

「예, 말씀하십시오.」

「그 전투복 얘기를 내일 오사카 성에서 다시 한 번 해주지 않겠소?」

이에야스가 빙그레 웃으며 잔을 들어 천천히 들이켰다.

「여러 영주들이 모인 자리에서 말이지요?」

「내 체면만을 세워 달라는 건 아니오. 천하를 위해서 해달라는 거요. 나는 간파쿠니까.」

「그러시다면 이 이에야스는 사코다유입니다. 천하를 위해 해드리지요.」

「오, 천하를 위해!」

히데요시가 이에야스를 얼싸안았다. 그러고는 눈물을 펑펑 흘리는 것이었다. 누군가 보았다면 연극이라고 했을 것이다. 하지만 히데요시는 멋쩍어하지 않았다.

「이에야스, 기쁘오. 내 밑에 많은 인물이 있지만 모두 천하를 훔치려고만 하지 천하를 걱정하지는 않소. 그런데 임자는 진정으로 천하를 걱정하는구려.」

두 사람은 주거니 받거니 술을 마시다가 취하여 일어났다.

이튿날 영주와 무장 1백여 명이 둘러앉아 있는 곳에서 이에야스는 전투복 이야기를 꺼내었다. 이에야스의 연기도 볼 만했지만 히데요시의 연기는 그야말로 일품이었다.

「뭣이, 입은 전투복을! 말도 안 되는 소리. 이 전투복은 명예로운 것이고 이 히데요시의 상징이오. 안 되오!」

영주들과 장수들은 온 신경을 집중하여 히데요시를 쳐다보았다. 히데요시는 눈알을 굴리면서 화가 난 듯 얼굴이 벌겋게 달아올라 있었다.

「간파쿠 각하, 명예로운 전투복이라는 말씀을 들으니 더욱더 제게 주셔야겠습니다.」

「무엇이, 명예로우니 꼭 줘야 한다고?」

「그렇습니다. 제가 상경하여 각하를 모시기로 한 이상 이제 각하께서 그 전투복을 입으실 일은 없으실 것입니다.」

「무, 무엇, 내가 다시는 입을 일이 없다고…….」

감동한 듯 목소리를 떨던 히데요시가 본래의 음성을 되찾았다.

「모두 들었소? 도쿠가와 님이 앞으로 나에게 전투복을 입지 않게 한다는 말을?」

영주들과 장수들이 말뜻을 충분히 이해한 듯이 분위기를 즐기더니 천천히 비단 전투복을 벗었다.

「오, 히데요시는 뛰어난 매제를 두었노라! 그 말을 듣고 이 옷을 벗지 않으면 속 좁은 인간이 되리. 자, 도쿠가와 님, 받으시게.」

비단 전투복을 내미는 모습이 너무도 천연덕스러워 이에야스는 피식 웃을 뻔했다. 좌중의 영주들과 무사들은 가슴이 찡하여 눈물을 훔치는 자도 있었다. 그날 히데요시는 천황을 움직여 이에야스에게 정 3품 주나곤을 내리게 했다.

히데요시와 이에야스의 연기는 참으로 훌륭했다. 이에야스가 돌아가고 히데요시는 한 달도 되지 않아 갑옷을 입고 규슈를 정벌하러 떠났다. 이에야스는 돌아가기 전 규슈 정벌에 얼마의 군사를 내려고 했지만, 히데요시는 싸늘한 말로 거절했다.

「도쿠가와 님은 동쪽을 맡아 주시오. 규슈쯤은 한 달 안에 나 혼자 정벌하고 돌아올 테니.」

동쪽에는 오다와라 가문이 버티고 있었다. **히데요시는 규슈를 정벌한 다음 이에야스를 시켜 오다와라를 치게 할 계획이었다. 그렇게 되면 이에야스가 이긴다고 해도 상처가 커 역시 패망할 것이기 때문이었다.**

폭풍은 피해야지 막는 게 아니다

지혜로운 아랫사람을 둔 사람은 행복하다

히데요시는 이에야스가 중신들과 함께 상경하자 상금과 관직을 남발했다. 그 통에 중신들은 자신들이 누구의 가신인지 모를 정도였다. 히데요시는 늘 신분이 좋은 영주들에게 한 가지 부러운 것이 있었는데, 그것은 누대로 좋은 가신을 두고 있다는 점이었다.

다이묘 중에서도 이에야스의 가신들은 그 충성심이나 용맹에서 최고라는 소문이 자자했다. 하지만 이에야스는 노랑이라서 가신들의 녹이 작다는 소문 또한 나 있었다. 히데요시는 그런 소문을 수집하고는 간파쿠라는 직위를 십분 발휘하여 이에야스와 중신들의 사이를 파고들었다.

예나 지금이나 돈은 인간을 움직이는 데 최고의 수단이다. 그러나 일본의 역사는 이에야스 가신들이 돈에 정신을 팔지 않았다는 것을 분명하게 밝히고 있다. 그렇더라도 이에야스 가신단을 향해 끊임없이 찬사를 늘어놓는 것은 좀 지나치다는 느낌이 든다. 왜냐하면 전국 시대 사무라이는 어느 다이묘의 가신이었든 간에 설명이 부족할 정도로 양심을 파는 일이 적었던 까닭이다.

하기야 신분 상승의 기회를 얻기 위해, 혹은 재물을 탐내, 아주 드물게는 사랑과 우정 때문에 주군을 배신하고 가문을 등진 자들이 있기는 했다. 그러나 그들의 행태가 곧 알려지면 어딜 가든 환영받지 못했다. 적국이라고 해도 그런 자들은 필요에 의해 잠시 이용되다가 곧 도태되었다.

다이묘들은 단물이 빠지면 그들을 없앴는데, 이는 자신의 가신들을 단속하기 위함이었다. 다이묘들의 마음은 모두 같았고, 때문에 특출한 재능을 지니지 않은 이상 밥 먹기조차 힘들었다. 바로 그런 다이묘들의 묵시적인 합의 때문에 일본의 전국 시대 사무라이들은 목숨을 걸고 주군에게 충성을 바쳤다고 할 수 있다.

동·서양의 통치자들은 마치 서로 의논이라도 한 것처럼 변절에 대해 이렇게 말한다.

한 번 배신한 인간은 언젠가 또 배신한다.

히데요시는 이에야스 중신의 한 사람인 도리이 모도타다를 꼬드기기 위해 그 아들인 도리이 신타로에게 화려한 손짓을 했다. 신타로의 아버지 모도타다는 이에야스의 할아버지 대부터 도쿠가와 가문(당시는 마쓰다이라 가문)을 모셨던 도리이 타다기치의 아들이었다. 그러므로 도리이 가문은 이에야스 중신단에서도 열 손가락 안에 드는 명문가였다.

신타로는 열네 살이었는데, 히데요시의 요청에 의해 이에야스가 상경할 때 칼잡이로 따라왔다. 물론 그 아비 모도타다도 주군 이에야스와 동행하여 보좌하고 있었다. 모도타다는 혼다 사쿠자에몬과 함께 바른 말 잘하는 것은 물론 성격도 대쪽같다는 평이 난 무장이었다. 또 이에야스가 인질로 있을 때 시동으로 인생을 함께한 인물이었다.

히데요시는 몇 시간이나 마치 돌처럼 움직이지 않고 이에야스의 칼을 받쳐 들고 있는 신타로에게 묘한 매력을 느꼈다. 젊은이 자체만으로도 탐나 죽겠는데 그 젊은이가 바로 타다기치의 손자이며 모도타다의 아들이라니, 히데요시는 어떻게 해서든 도리이 가문을 자신의 측근으로 만들고 싶었다.

히데요시와 이에야스가 독대를 할 때는 누구도 동석하면 안 되었다. 하지만 신타로는 이에야스의 칼을 받쳐 들고 그 어떤 말에도 요동하지 않았다. 결국 히데요시가 예외를 두었다.

「좋다. 저 시동은 그냥 놔둬라. 저 바위 같은 얼굴은 죽이겠다고 해도 움직이지 않을 것 같다.」

그래서 신타로는 이에야스의 바로 뒤에서 칼을 세우고 마치 바위처럼 굳건히 앉아 있었던 것이다. 물론 그는 히데요시와 이에야스의 대화를 모두 듣고 있었다. 그러나 칼잡이는 눈이 있어도 봐서는 안 되고 귀가 있어도 들으면 안 되며 입이 있어도 말을 해서는 안 되었다. 어떤 말을 듣더라도 어떤 장면을 보더라도 표정을 바꾸거나 소리를 내선 안 되었다.

「보통이 아니오. 저 큰 칼을 받쳐 든 채 몇 시간 동안 흔들리지도 않았어. 또 피곤한 기색이라고는 전혀 보이지 않으니 과연 대단한 젊은이요. 도쿠가와 님, 그래서 말인데 신타로를 내 조카사위로 삼아야겠소. 내 동생 히데나가에게는 아들이 없거든. 그래서 데릴사위로 삼아 가문을 이어 주고 싶소.」

이에야스는 난처했다. 히데요시가 자신의 가신들에게 회유의 손길을 뻗치고 있었다. 자신도 이미 둘째 아들을 인질로 내놓았고 히데요시는 그를 양자로 맞아들였다. 데릴사위 역시 양자나 마찬가지였다.

「간파쿠 각하, 말씀은 고맙습니다만, 그게…….」

「무슨 난처한 일이라도 있소?」

「그렇습니다. 신타로의 아비 모도타다는 때로 제 명령에도 납득을 하지 못하면 거역하고 따지는 성격이 완고한 자입니다.」

「내가 달라고 해도 거역할지 모른다는 말이오?」

「그렇습니다.」

히데요시의 눈이 빛났다. 머리싸움을 하기 전의 버릇이었다.

「그렇다면 좋소. 이 자리에 모도타다를 불러 내가 직접 부탁을 하겠소. 모도타다에게는 다른 아들도 있다면서요?」

「그렇습니다.」

히데요시는 도리이 모도타다를 불러오게 했다.

이에야스가 믿고 있는 것은 도리이 가문의 도쿠가와 가에 대한 충성심과 히데요시에 대한 증오심이었다. 이에야스의 가신들은 누구도 히데요시를 좋아하지 않았다. 그들은 언제라도 히데요시와 일전을 벌일 준비가 되어 있었다. 그러나 이에야스는 그들을 다독이며 말려 왔다. 그 명분은 일본의 평화였다.

「도리이 모도타다, 부름을 받고 왔습니다.」

「오, 모도타다, 잘 왔다. 실은 그대에게 청이 있어서 불렀다.」

「간파쿠 각하께서 저에게 말씀이십니까?」

「그렇다. 실은 그대의 아들 신타로를 나에게 달라는 청이다.」

「저놈을 말입니까?」

모도타다는 흘낏 아들을 보고는 주군인 이에야스를 쳐다보았다. 이에야스는 히데요시의 따가운 눈총을 받으며 말했다.

「신타로가 무척 마음에 드셨나 보다……」

「마음에 드셨다면……?」

「각하의 동생 되시는 재상의 데릴사위로 달라시는구나. 그리하여 가문을 잇게 하고 싶으시다고. 하지만 나로서는 대답할 수 없었다. 그래서 임자는 때로 의문이 들면 내 말도 안 듣는 옹고집이라고 말씀드렸다. 그래서 임자를 부른 것이다. 임자의 생각을 각하께 직접 말씀드려라.」

그때 히데요시가 끼어들었다.

「그대의 생각대로 하라는 게 아니다. 달라는 것이다.」

모도타다의 얼굴에 문득 노여움의 그늘이 어른거렸다. 이에야스가 노렸던 점이 바로 그것이었다. 누르면 절대로 승복하지 않는 미카와 무사의 자존.

「너무도 뜻밖입니다.」

「승낙을 하는 것인가, 모도타다?」

히데요시가 물어뜯을 듯한 얼굴로 말했다. 이에야스는 눈을 반쯤 감고 있었다.

「그것이 조금 고약한 일이라…….」

「무엇이, 고약하다고?」

「그렇습니다. 둘째나 셋째 놈 같으면 고마워 춤을 출 일이나 신타로는 장남이라 소인의 집안을 이어야 하겠기에 드리는 말씀입니다.」

「내가 자네 집안에 필요 없는 자식을 청할 것 같은가? 장차 히데요시 가문의 대들보가 될 인물을 달라고 하는 거야. 거절하면 안 될 말.」

「저런, 각하께서는 저놈을 잘못 보셨습니다. 자식을 보는 눈은 아무래도 아비가 낫지 않겠습니까?」

「내가 잘못 봤다고?」

「그렇습니다.」

「잘못 봤어도 좋으니, 나에게 달라.」

히데요시의 요구는 집요함을 떠나 이제 무시무시한 태풍처럼 변하고 있었다. 감히 일본 천하에 히데요시의 요구를 거절할 자는 이미 없었다. 그런데 1만 석도 되지 않는 무장이 히데요시에게 맞서고 있는 것이었다.

신타로는 정신이 없었다. 하지만 표정을 바꿀 수도 입을 열어 아버지를 도울 수도 없었다. 아버지의 고집은 익히 알지만 상대는 천하를 움켜쥔 권력자였다. 그러므로 그의 뜻대로 되지 않으면 피비린내가 날 수도 있었다.

「그러시다니 말씀 올리겠습니다. 각하께서는 미처 알아보시지 못하셨지만 제 자식 놈들은 모두 불구입니다.」

「무엇이, 불구?」

히데요시는 그렇게 되묻더니 볼을 허물고 웃었다. 대답이 궁하여 모도타다가 그렇게 말한 줄 알고 특유의 재치가 살아나면서 골려 줄 생각이 났던 것이다.

「체격도 당당하고 예의범절, 인내도 나무랄 데가 없는데 불구라. 흐음, 가련한 일이구나. 그래, 어디가 고장이란 말인가? 여기는 명의가 많으니 도와줄 수도 있다. 그러니 숨기지 말고 말하라.」

신타로의 등으로 식은땀이 흘러내렸다. '이제 아버지는 히데요시가 치는 그물에서 빠져나오지 못할 것이다. 그렇다면 죽음이 기다릴 뿐이다.'

「그것이, 대단히 중요한 곳이어서……」

「중요하다면 남자의 거기를 말하는 건가?」

「아닙니다. 바로 성격, 즉 근성입니다.」

「무엇? 그럼 근성이 비뚤어졌다는 말인가?」

「그렇습니다. 약도 없는 천하에 몹쓸 병입니다.」

「말해 보라. 어떻게 비뚤어졌는가? 내가 고쳐 줄 수도 있다.」

「말씀은 황송하오나 좀처럼 고치기 어려운 고질병이라…….」

「그래도 말하라.」

히데요시의 눈이 가늘게 찢어졌다. 히데요시가 그런 눈을 하면 신경질이 터진다는 뜻이었다.

「재촉하시니 말씀 올립니다. 제 아들 놈들은 도쿠가와 가문에 충성을 다하라고 가르쳤더니 그만 도가 지나쳐 다른 문중은 모두 적으로 아는 불구자가 되었습니다.」

「다른 문중은 모두 적…….」

「그렇습니다. 그러니 남의 가문에 보내면 그 가문에 도움은커녕 화를 미칠 것입니다. 그러하오니 간파쿠 각하, 부디 저놈을 도쿠가와 가문에 그냥 머물게 하여 충신으로 살게 해주십시오.」

「…….」

히데요시의 얼굴이 새하얘졌다. 한참을 멍하니 앉아 있던 히데요시는 이에야스를 돌아보았다.

「들었지요? 도쿠가와 님은 참으로 부러운 불구자들을 곁에 두시었소.」

이에야스는 안도의 숨을 남몰래 내쉬며 고개를 숙여 히데요시의 말에 답했다. 당장이라도 눈물이 쏟아질 것 같았기 때문이다. 그러면서도 한편으로 히데요시가 화를 내면 어떻게 말려야 하는지에 생각이 미쳤다. 하지만 히데요시의 목소리는 화는커녕 처량하게 들릴 정도였다.

「그런가, 모도타다. 아들이 불구자여서 거절했는가?」

「예, 각하. 아들이 병신이기에 데릴사위 말씀은 거두어 주십시오. 하지만 공주님을 저희 가문으로 출가시키신다면 이 모도타다가 기꺼이 며느리로 맞을 것입니다.」

모도타다의 멋진 한판승이었다. 히데요시는 멍하니 모도타다를 보다가 한숨을 쉬면서 가볍게 끄덕였다.

「그러지. 꼭 이쪽으로 데려오는 것만으로 짝이 되는 건 아니지. 그쪽으로 가는 것도 짝이 되는 것이지.」

히데요시는 일어섰다. 평소의 힘찬 몸놀림은 사라지고 늙은이처럼 힘없이 방을 나갔다. 그 뒤를 따르며 이에야스가 돌아보니 엎드린 모도타다의 머리에서 김이 모락모락 피어올랐다. 그만큼 혼신의 힘을 다하여 히데요시와 한판을 벌였다는 증거였다.

장인은 짝퉁을 경멸한다

짝퉁, 즉 모조품이나 가짜는 현대 사회에만 있는 게 아니었다. 일본의 전국 시대에도 짝퉁은 있었다. 그런데 그 짝퉁을 생산하도록 명령한 사람은 바로 당시 최고 권력자인 히데요시였다.

혼아미 고에쓰는 역사학자들에게 유명한 사람이다. 우선 그는 일본 제일의 칼 감정사로 이름이 알려져 있다. 하지만 후대에는 칼 감정사 못지않게 다도의 달인으로 소에키와 어깨를 나란히 한다. 게다가 잇코종(一向宗: 일본 불교의 하나)의 신실한 신도였던 그는 역시 신도였던 어머니 덕에 청빈한 사람으로도 이름을 남겼다. 청빈에 관한 일본 서적에 혼아미 고에쓰는 셀 수 없을 만큼 많이 나온다.

고에쓰 가문은 칼 감정사로 일본 전국을 통틀어 단연 최고였다. 그래서 60여 개국으로 나뉘어 있었던 전국 시대 다이묘들은 중요한 칼을 감정할 때면 고에쓰 부자에게 부탁했다. 하지만 고에쓰 부자는 그들의 요구를 다 들어 줄 수는 없었다. 그래서 그들 부자와 친하게 지내려는 다이묘들이 많았다.

고에쓰의 집은 교토에 있었다. 그래서 히데요시의 가신은 아니었지만 그의 지시를 외면할 수 없었다. 하지만 이에야스와 오다와라의 호조 가문과는 인간적으로 매우 가까웠다.

하루는 히데요시가 고에쓰를 불렀다. 히데요시는 오다와라 평정을 계획하고 있었고 곧 출격할 참이었다. 당시 일본 최고의 명검은 소슈의 마사무네(正宗)였다. 마사무네는 전쟁에서 공이 많은 사무라이들에게 권력자들이 주로 상으로 내리는 칼이었다. 마사무네를 받은 사무라이는 그것을 가보로 삼아 대대로 물려 주었으며, 따라서 마사무네의 가격은 부르는 게 값이었다.

본래 전쟁에서 공을 세운 무장들이 받는 상의 으뜸은 땅이었다. 하지만 일본의 땅은 공을 세운 모든 사무라이들에게 주기엔 너무 좁았다. 특히 히데요시가 천하통일을 위해 많은 전쟁을 하면서 공을 세운 이들이 늘어나자 다이묘에게는 몰라도 그 밑의 사무라이들에게까지 줄 땅은 없었다. 그래서 히데요시는 다기에 교묘한 이름을 붙여 상으로 내렸다. 무장들은 목숨을 걸고 싸운 결과로 땅바닥에 던지면 바로 깨지는 찻잔이나 차솥 등을 상으로 받아야 했다.

다기보다 격이 높은 상으로 마사무네를 쳤다. 무사에게 칼은 곧 혼이었고 좋은 칼을 소유한 자는 품격 높은 정신의 소유자로 추앙받았다. 그러나 문제는 마사무네가 몇 벌(일본 칼의 한 벌은 큰 칼과 작은 칼을 가리킨다) 없다는 데 있었다.

고에쓰 가문에서는 칼의 감정뿐 아니라 칼을 벼르는 일도 했다. 하지만 그들 부자는 자신들이 마사무네의 품질을 따르는 칼을 만들 수 없다는 것을 누구보다도 잘 알고 있었다. 그래서 고에쓰 부자는 마사무네를 칼 그 이상으로 대했고, 그 결과 마사무네의 가치는 더욱 높아졌다.

「그대는 일본에서 칼 감정에는 제일이다.」

히데요시는 먼저 고에쓰를 추켜세운 후 목소리를 낮춰 은밀한 명령을 내렸다.

「지금까지 하사품으로 이름도 없는 다기를 이용했으나 좀 더 자극적인 것이 필요하다. 그러니 임자는 고민하여 일본 최상의 칼을 만들어 내라.」

「저에게 일본 최고의 칼을 만들라는 말씀입니까?」

「그대가 대장장이인가? 일본 최고의 칼은 마사무네 아닌가. 그 마사무네를 일본 제일인 그대가 만들어 내란 것이야.」

「벼르지도 않고 만들어 내라는 것은 무슨 뜻입니까?」

그때까지도 고에쓰는 히데요시의 심중을 알지 못했다.

「답답하군. 진짜 마사무네는 몇 벌 없다. 하지만 이름 없는 칼 중에는 마사무네에 비해 결코 떨어지지 않는 뛰어난 칼들이 많다. 그것들에 그대가 마사무네라는 이름을 지어 주어 세상에 내보내면 나는 그 마사무네를 공 있는 가신들에게 하사할 것이다. 그럼 그 칼을 받은 무사는 사기가 오르고 충성은 더욱 깊어질 것이다. 그것이 바로 무에서 유를 낳는 것이라고 할 수 있다.」

고에쓰는 갑자기 눈앞이 아득해졌다.

「소인은 그 말씀을 이해할 수 없습니다. 아니, 잘못 들었나 봅니다. 어딘가에 이름 없는 마사무네가 많이 있다고 말씀 하셨습니다만…….」

「쯧쯧, 말귀가 어둡구나. 마사무네는 아니더라도 마사무네에 버금가는 칼이라면 마사무네라는 이름을 붙인다 한들 뭐가 어떤가? 그렇게 하면 그 칼도 기뻐할 것이다.」

「그, 그럼, 거짓 감정을 하라는 말씀이십니까?」

「어리석은 놈, 누가 거짓이라고 했느냐. 너는 말귀를 알아듣는 인간인 줄 알았더니 뜻밖에도 고리타분하구나. 그대는 일본 제일의 칼 감정사다.」

「저, 저도 자신하는 바입니다.」

「교만하기까지 하구나. 그건 내가 너를 일본 제일이라고 했기 때문에 세상이 그렇게 받아들인 것이다.」

「…….」

「아직도 모르겠느냐?」

「이, 이름 없는 칼을 모아 마사무네로 감정하라시는…….」

「또 왜곡하는구나 이름은 없지만 진짜 마사무네에 결코 뒤지지 않는 칼에 마사무네라는 이름을 붙여 주라는 것이다.」

고에쓰는 숨이 가빠졌다. **이 얼마나 건방진 권력자의 교만인가. 칼에 이름이 없다는 것은 그 자체에 문제가 있기 때문이다. 겉으로는 흠이 없어 보이더라도 그것을 벼른 사람으로서는 어딘가 미흡한 데가 있어 양심껏 이름을 새기지 않은 것이다.** 그런데 그 칼에 마사무네라는 이름을 새겨 일본 제일의 검이라고 속이라니.

고에쓰는 그렇게 속인 칼을 상으로 주려는 히데요시가 한없이 천하게 느껴졌다.

며칠 후 고에쓰는 히데요시에게 면담을 요청했다. 히데요시는 고에쓰가 그동안의 고집을 꺾고 자신의 말을 들을 것이라 믿고는 흔쾌히 만났다. 그러나 고에쓰는 왼팔에 붕대를 칭칭 감고 있었다.

「다쳤는가?」

「그렇습니다.」

「으음, 어쩌다가 그랬는가?」

「정신이 혼란스러워 칼을 감정하다가 팔을 베었습니다. 그러므로 당분간은 칼 감정을 쉬면서 상처를 다스려야 하겠습니다.」

「으음, 어쩌겠는가, 다쳤으니…… 그대는 무사도 아닌 터…….」

깊이 고개를 숙인 후 돌아 나가는 고에쓰의 어깨는 며칠 전 숙제를 맡은 후 축 처졌던 것과는 달리 당당하게 펴져 있었다. 반면 히데요시는 마치 뜨거운 차를 쉬지 않고 마셨을 때처럼 얼굴이 달아오르는 것을 느꼈다.

폭풍은 피해야지 막는 게 아니다

일본에서는 결론을 못 내리고 지겹도록 회의만 거듭하다가 때를 놓쳐 망하는 것을 '오다와라 평정'이라고 한다. 이것은 바로 히데요시와 이에야스 연합군이 코앞에 몰려왔음에도 아무런 대책을 내놓지 못하고 연일 회의만 계속하다가 망한 호조 가문을 빗대어 생겨난 말이다.

호조 가문의 뜨거운 피는 히데요시를 거역하는 데는 성공했지만, 어떻게 막아야 할지 아무런 대책도 없었고 또한 연합군을 막을 힘도 없었던 것이다.

규슈가 히데요시에게 평정된 후 남은 곳은 간토(관동 지역)와 오슈 두 지역뿐이었다. 간토 지역은 이에야스와 사돈인 호조가 버티고 있었다. 히데요시는 그동안 호조를 비롯해 항복하지 않은 다이묘들에게 상경하여 자신에게 굴복할 것을 명령했으나 호조와 오슈의 몇몇 다이묘들은 응하지 않고 있었다.

그들은 미천한 출신으로 벼락출세한 히데요시를 결코 인정하지 않았다. 그런 와중에 이에야스가 히데요시에게 굴복했던 것이다. 그러자 그들은 이에야스를 늙은 너구리에 비유하며 경멸했다.

이에야스는 다이묘들이 히데요시는 물론 이제 자신까지 경멸한다는 것을 알았다. 하지만 자존을 지키는 것과 멸망은 종이 한 장 차이였다. **이에야스는 시대를 읽고 변해야만 살아남을 수 있다고 생각했다. 노부나가가 죽기 전부터 그는 폭풍은 피할 수는 있어도 막을 수는 없다는 것을 너무도 잘 알고 있었던 것이다.**

그래서 그는 사위인 우지나오에게 아버지를 설득하여 히데요시에게 항복할 것을 몇 번 권했으나 그때마다 차가운 대답을 들어야 했다.

더 이상 미룰 수 없다고 판단한 히데요시는 1590년 3월 20여만 명의 어마어마한 병력을 거느리고 출격했다. 하지만 말이 출격이지 꽃놀이를 가는 기분처럼 느긋하기만 했다. 가짜 수염을 달고 화장을 한 얼굴에 투구며 갑옷에 금칠을 하여 황금빛이 햇빛을 받아 번쩍거렸다. 본래 히데요시는 한 부대의 무장이었을 때부터 군사들의 복장에 돈을 써 위엄과 멋을 잔뜩 부리는 것으로 열등감을 표출했는데, 간파쿠가 되고 나서는 더 심해졌다. 그래서 히데요시 친위 부대는 교토 시민들의 심심찮은 눈요기였다.

히데요시는 출격에 앞서 이에야스에게 선봉을 맡을 것을 지시했다. 이에야스는 2만 8천여 명의 군사를 이끌고 오다와라 평정의 선봉에 섰다. 장인이 사위를 멸망시키고자 선두에 선 것이었다. 슬픈 일이었지만 거부는 곧 멸망이었다. 이에야스는 그것을 너무도 잘 알았고, 그즈음 히데요시의 지시를 거스르지 않기 위해 부단히 노력하고 있었다.

싸움은 애초부터 무모했다. 오다와라는 이렇다 할 저항 한 번 못하고 연일 회의만 거듭하다가 몰락해 갔다. 히데요시·이에야스 연합군이 나타났다 하면 성문이 차례차례 열렸다. 이윽고 오다와라 본성이 열렸을 때 히데요시는 호조 부자에게만 할복을 명하고 나머지는 모두 용서했다. 호조 부자의 죽음으로 오다와라의 거대한 땅은 히데요시에게 평정되었다.

이후 히데요시는 오슈로 진격하여 저항하던 다이묘들을 속속 복종시켰다. 그리하여 마침내 일본은 통일되었다.

히데요시는 이에야스에게 미카와, 스루가 등 영지를 내놓고 호조의 땅이던 간토로 이주하라고 명령했다. 그것은 실력자 이에야스를 먼 변방으로 보내 버리려는 술책이었다. 새로운 영지가 예전의 것보다 넓은 256만 석이라고는 하지만 도쿠가와 가문의 중신들은 참을 수 없는 분노를 느꼈다.

「무사로서 이런 치욕을 감당할 수 없습니다. 당장 히데요시와 일전하다가 깨끗이 죽을 수 있도록 주군께서는 허락을 내려 주십시오.」

이에야스는 중신들의 그런 제의를 눌렀다.

「땅이 있다면 싸움은 언제든지 할 수 있다. 지금은 모두 힘을 합쳐 새로운 땅을 일궈야 할 때다.」

바로 이런 이에야스의 인내를 후대의 일본인들은 높이 산다.

인생은 무거운 짐을 지고 먼 길을 가는 것과 같다. 그러니 서두르지 말라…… 참고 견딤은 무사장구(無事長久)의 근원이다…….

이에야스의 무덤이 있는 니코에 걸려 있는 이 멋진 말을 이에야스가 직접 했는지에 대해 일본인들은 별로 중요하게 생각지 않는다. 몇몇 진리를 추구하는 학자들은 아마도 뒷날 글깨나 쓰는 자들이 몰래 지어 바쳤을 것이라고 한다. 그러나 아니 땐 굴뚝에 연기가 솟을 리 없는 법, 작든 크든 이에야스가 참는 데 일가견이 있었던 것은 확실한 듯하다.

정든 땅을 뒤로하고 이에야스는 가신들을 거느리고 에도(훗날의 도쿄)로 갔다. 물론 영지를 옮긴다는 것은 다이묘와 그를 따르는 무사 집단인 가신들만 옮기는 것이지 백성들이 모두 옮기는 것은 아니었다.

이에야스와 가신들이 도착해 보니 에도 성은 낡아 비가 샐 정도였다. 그도 그럴 것이 에도 성은 지은 지 130년이나 된 성이었던 것이다.

이에야스가 오다와라 성으로 가지 않고 당시 벽지였던 에도 성으로 간 것은 그곳이 지리적으로 재출발하기에 좋겠다고 판단했기 때문이다.

「이런 낡은 성에 주군을 사시게 할 순 없습니다.」

가신들은 분노했지만 이에야스는 아무렇지 않게 낡은 에도 성으로 들었다. 그리고 이렇게 말했다.

「이곳에서 천하를 도모할 준비를 한다.」

「그것은 무슨 뜻입니까?」

측근들이 어이없어하자 이에야스가 설명했다.

「히데요시는 천하를 통일했으니 반드시 조선으로 출병할 것이다. 그러나 히데요시의 뜻대로 되지 않을 것이다. 사카이 상인들도 모두 말렸지만 히데요시는 듣지 않았다. 그것은 미천한 출신이기 때문에 열등감이 많은 까닭이다. 우리가 서쪽에 있다면 싫더라도 조선과의 전쟁에 참전해야 하지 않겠는가. 그래서 나는 우리가 새출발을 할 곳으로 이곳을 정했다. 여기서 히데요시를 살피며 그가 망하기를 기다리는 것이다.」

측근들은 입을 다물고 자신들의 경솔함을 뉘우쳤다. 만약 주군 이에야스가 자신들의 말을 들어 히데요시와 일전을 한다고 덤볐다면 호조 가문처럼 멸망했을 것이라는 뉘우침이었다. 싫든 좋든 히데요시는 군사 수십만 명을 동원할 수 있는 간파쿠였고, 이에야스의 군대는 어린아이와 늙은 농부들에게까지 갑옷을 입힌다 해도 6만 명이 되지 않을 것이었다.

「간파쿠가 외국에서 전쟁에 지고 나면 세상은 혼란에 빠질 것이다. 그래서 나는 더욱 동쪽으로 온 것이다. 에도의 땅이 황폐한 것을 나는 오히려 부처님께 감사한다. 그것은 아무것도 없는 곳에 도시를 세우기가 이미 있는 것을 치우고 세우는 것보다 더 유리하기 때문이다. 처음부터 철저한 설계에 의해 도시를 세워 나간다면 훌륭한 도시로 만들 수 있다. 이제 내 맘을 알았을 테니 더 이상 이곳이 황폐하니, 성이 낡았느니 하는 말은 하지 마라. 또 히데요시는 우리를 이런 곳으로 보냈으니 조선을 칠 군사를 내라고 하지 못할 것이다.」

에도 성은 간토 평야의 핵심적 위치에 있어 물을 이용하기에도 편리했다. 그리하여 이에야스는 에도야말로 백년대계를 세울 최적의 땅이라는 것을 척 보고 알았던 것이다. 그의 혜안은 들어맞아 몇 년 뒤 히데요시는 조선 침략 전쟁으로 엄청난 시련을 맞았다. 모두 하루 빨리 군사를 철수해야 한다고 했지만 히데요시는 고집을 부렸다.

그리하여 결국 조선을 침략했던 왜군은 남쪽 끝으로 몰려 칡뿌리를 캐먹고 진흙을 삶아 먹으며 버티다가 히데요시가 죽자 바로 철군했다. 그것도 이순신 장군에게 두들겨 맞아 중상을 입은 채.

욕심이 지나치면 더러워진다

일본 천하를 통일한 히데요시는 노부나가처럼 칼에 죽지는 않았다. 대신 말년에 병으로 많은 고생을 했다. 그가 죽음을 코앞에 뒀을 때 유일한 아들 히데요리는 여섯 살이었다. 히데요시는 천하의 권력자도 죽고 나면 세상이 그에게서 싸늘하게 등을 돌린다는 것을 누구보다 잘 알고 있었다. 우선 그도 노부나가가 죽고 나자 번개같이 기회를 타 출세하지 않았던가.

그래서 그는 거의 매일같이 다이묘들을 불러 모아 자신이 죽고 난 후 히데요리에게 충성하겠다는 서약서를 쓰게 하는 등 노망에 가까운 추태를 보였다.

그러나 그런 종잇조각이 별 볼일 없다는 것 또한 그는 누구보다도 잘 알았다. 때는 전국 시대였고, 그 자신이 우선 수없이 많은 서약서를 썼지만 지킨 것보다 지키지 않은 것이 더 많았다. 그러므로 서약서를 별로 믿지 않으면서도 날이 새면 다시 걱정이 쌓여 그렇게라도 하지 않으면 못 견디는 나날이 계속되었던 것이다.

당시 히데요시의 병명을 정확하게 알 수는 없지만 훗날 역사학자들은 그가 위암에 걸렸을 것이라고 추정했다. 죽음을 앞둔 기록을 검토하여 내린 결론이었다. 뒷날을 위해 기록을 남기지 않는 우리네 습관으로 보아 일본인들의 기록 정신은 참으로 부럽기 그지없다. 그들은 무엇이든 기록하여 후대에 남겨 표본으로 삼게 했다. 그 기록 습관으로 일본은 같은 잘못을 되풀이하는 우를 미리 막을 수 있었다.

어쨌든 히데요시는 전국 다이묘들의 충성 서약서만으로는 뒷날이 불안했다. 무엇보다 그의 불안을 부채질하는 것은 실력자 이에야스의 마음이었다. 이에야스에게 히데요리의 장래가 달려 있었기 때문이다. 아니, 장래가 아니라 생사여탈이 달려 있다고 해도 과언이 아니었다.

누가 뭐라고 해도 자신 다음의 실력자는 이에야스였다. 이에야스는 그때 내대신에 올라 있었다. 물론 자신은 다이코라는 벼슬을 만들어 씀으로써 천황을 제외하고 인간이 오를 수 있는 벼슬의 정상에 올랐다. 그러나 벼슬이 아무리 높으면 무엇하는가. 이제 그는 오늘내일 죽음을 기다리는 반송장이었던 것이다.

히데요시의 아들 얘기가 나왔으니 말이지만 그 아들이 히데요시의 친자가 아니라는 말은 당시부터 계속 있어 왔다. 그도 그럴 것이 히데요시의 여자는 수십 명이었지만 아이를 수태한 여자는 요도기미(차차히메)뿐이었다. 게다가 요도기미는 히데요시의 아들을 둘이나 낳았다. 먼저 낳은 아들은 세 살이 되기 전에 죽고 둘째로 히데요리를 낳았다.

그리하여 교토와 오사카에는 요도기미가 시종과 붙어 아이를 낳았다는 소문이 은밀하게 돌았다. 그 시종의 이름이 구체적으로 오르내린 것으로 봐 요도기미가 시종을 가까이 두었던 것은 사실인 듯하다.

소문의 당사자는 본래 소문을 영원히 듣지 못하든가 손을 쓸 수 없는 데까지 가서야 듣게 마련이다. 그러나 히데요시는 그 소문을 듣지 못하고 죽었다. 아니, 알고 있었지만 입 밖에 내지 않았는지도 모른다.

히데요시는 요도기미가 아들을 낳기 전까지 자신에게 자식이 없을 줄 알고 몇 명의 양자를 들였는데, 양자들은 요도기미가 아들을 잇달아 낳자 쫓겨나거나 히데요시의 미움을 사 할복을 해야 했다. 그중에서도 조카로서 히데요시의 후계자로 간파쿠 직위를 물려받았던 히데쓰구는 할복을 해야 했음은 물론 친가며 처가의 가족 모두 목을 내놓아야 했다.

히데요시는 여섯 살 된 아들이 눈에 밟혀 그대로 죽을 수 없었다. 어찌하면 아들이 자신의 권력을 세습할 수 있을까, 더러운 욕심에 사로잡힌 히데요시는 나름으로 기발한 생각을 해냈다. 그것은 아들 히데요리와 이에야스의 아들인 히데타다(훗날 제2대 도쿠가와 쇼군)의 딸 센히메를 결혼시킨다는 생각이었다. 히데요리는 겨우 여섯 살, 센히메는 젖먹이였다.

「내대신, 내 생각에 이의는 없겠지? 내대신과 히데타다가 보살펴 줄 동안 히데요리도 성장하겠지. 그러면 히데요리의 아들 대는 나의 혈통이자 내대신의 혈통도 된다. 어떤가?」

몸뿐만이 아니라 얼굴까지 앙상하게 야위어 보기 흉하게 된 히데요시가 힘겹게 말했다. 이미 이리저리 얽인 사돈에 다시 혼인을 시켜 묶어 두려는 지독한 욕심이었다.

이에야스는 그 생각이 차마 그냥 들어 넘길 수 없는 히데요시의 망집으로 여겨졌다. 머릿속이 화끈거리며 분노 같은 것이 느껴졌다. 히데요시가 여동생 아사히히메를 이혼시켜 자신에게 보낼 때만 해도 일본 통일이라는 커다란 사명이 있었다. 또 아들 히데타다와 요도기미의 동생인 다쓰히메를 결혼시킬 때도 같은 목적이 있었다. 그러나 히데요리와 센히메의 결혼은 권력을 세습하기 위한 더러운 욕심이라는 것 외에 달리 이유가 없었다.

「생각할 여유를 주셨으면 합니다.」

「무엇이, 내대신은 안 된다는 것인가?」

「다 각하를 위해섭니다.」

「나를 위해서라고?」

「그렇습니다. 그런 분부는 저에게는 고마운 일입니다. 하지만 그 때문에 다이묘들의 원한을 사게 된다면 어찌시렵니까?」

「누가 다이묘들의 원한을 산단 말인가?」

「저 이에야스입니다.」

「무엇…… 때문에……?」

「다이묘들은 이렇게 받아들일 것입니다. 이에야스는 다이코 각하께 청하여 손녀를 작은 대감께 바쳤다. 아마도 무슨 꿍꿍이속이 있었을 것이라는 소문이 나면 각하의 정치에 방해가 됩니다.」

이에야스는 다이코가 이에야스에게 부탁을 했다면 그건 다이코가 이에야스에게 아부를 한 것이라는 말은 하지 않았다. 히데요시도 그 정도는 알아듣는 위인이라 얼굴을 찡그렸다. 그리고 며칠 후 히데요시는 눈을 감았다. 그의 나이 예순셋이었다. 그리고 그의 죽음은 철저하게 숨겨졌다. 그것은 조선을 침략했던 군사들을 귀국시키기 위해서였다. 만약 조선과 명나라가 히데요시의 죽음을 안다면 일본군은 몰살당할 것이기 때문이었다.

조선을 침략했던 군사들이 반송장이 되어 돌아온 다음에야 히데요시의 죽음은 세상에 알려졌다.

숨은 적을 표면으로 끌어내기

세키가하라 전투는 도쿠가와 이에야스를 일본 통치자로 일으켜 세운 도쿠가와 가문과 도요토미 가문 사이의 큰 싸움이었다. 물론 에도의 도쿠가와 가문과 오사카의 도요토미 가문의 마지막 자웅을 겨루는 큰 싸움이 남아 있었지만, 그것보다 세키가하라 전투가 중요한 것은 바로 이 전투의 승리로 이에야스가 온전한 위정자가 되는 까닭이다.

세키가하라 전투는 어느 날 갑자기 일어난 것이 아니다. 거기에는 도요토미 가문과 도쿠가와 가문의 흥망성쇠가 걸려 있었고, 당연히 두 가문을 따르는 다이묘들과 무사 집단의 생사가 걸려 있었다. 히데요시 측을 서쪽에 있었다 하여 서군이라 하였고, 관동의 이에야스를 따르는 측은 동군이라 불렀다. 이 동서 군이 마지막으로 피를 흘리며 싸운 후 일본에서 오사카 전투를 제외하고는 싸움이 멎었다.

그런데 묘한 것은 이 싸움을 이에야스는 막을 수 있었는데 막지 않고 오히려 상대방이 거병하는 걸 도왔다는 것이다. 그리고 에도로 물러나 그들이 한데 모이기를 기다렸다. 이른바 싹쓸이 청소를 하려고 작정한 것이었다. 하지만 당시의 병력 수는 서군이 약간 많았다. 그런데도 이에야스의 동군이 승리를 거둔 것은 어느 시대나 있기 마련인 기회주의자들 덕분이었다.

그들은 싸움이 판가름 날 때까지 깃발을 내리고 있다가 한나절의 전투 끝에 이에야스 쪽이 유리해지자 깃발을 올리고 그쪽으로 붙었던 것이다. 그리하여 이에야스는 히데요리 측 다이묘들을 정리하고 온전한 위정자가 되었다.

히데요시가 죽은 후 이에야스는 어린 히데요리를 섭정한다는 핑계로 드러내 놓고 정치를 시작했다. 이때부터 이에야스의 거성인 후시미 성에는 많은 다이묘들과 공경들이 드나들었다. 성의 크기만 놓고 보자면 히데요리가 있는 오사카 성이 이에야스가 있는 후시미 성보다 크고 웅장했다. 하지만 그것만으로 권력의 크기를 가늠할 수는 없는 노릇, 그 속에 누가 살며 또 어떤 사람들이 모이느냐가 더 중요했다.

이에야스가 정치적인 전횡을 일삼자 히데요시의 측근이자 5인의 행정관 중 한 명인 이시다 미쓰나리는 위기감을 느꼈다. 미쓰나리는 히데요리를 키워 정권을 유지하려면 무엇보다 이에야스를 제거해야 한다고 생각했다. 하지만 어떻게 그를 없앨 것인가. 히데요시가 죽은 후 명실 공히 이에야스는 일본 제일의 실력자인 것을.

1599년 교토에 머물던(다이묘들은 교토에 가옥을 짓고 1년의 절반 정도를 그곳에서 머물렀다. 다이묘들은 교토에서 사치스러운 생활을 했는데, 이는 위정자의 장려에 의해서였다. 다이묘들이 사치하게 되면 그가 가진 재력이 약화되어 모반을 일으키지 못하기 때문이었다) 우에스기 가게카쓰가 자신의 영지인 아이즈로 돌아갔다. 그리고 얼마 후 아이즈 인근에서 숨 가쁜 보고가 계속해서 교토로 올라왔다.

「가게카쓰는 새로운 성을 쌓고 무사들을 널리 모으고 있습니다. 이는 모반을 하겠다는 증거가 아니겠습니까.」

아이즈를 살피던 이에야스는 이듬해 가게카쓰에게 상경하여 소문의 진위를 밝히라고 명령했다. 그러자 가게카쓰는 오지 않고 한 통의 편지만을 보내왔다.

……여러 소문이 있어 이에야스 님이 수상쩍게 여기시는 듯합니다. 그러나 교토의 신분 높은 무사들이 차 도구 등을 모으듯 이곳 시골의 무사들은 총, 창, 칼, 화살 등을 모으는 것입니다. 각 나라의 풍습이라고 여기시고 너무 신경 쓰지 마십시오…….

이에야스는 불같이 화를 내었다.

「이렇게 불손한 편지는 처음 받아 본다.」

그러고는 다이묘들에게 아이즈 정벌을 명하고 그 자신도 군사를 일으키기 위해 에도로 돌아가겠다고 했다. 거기에는 이에야스의 이런 계산이 숨어 있었다.

'내가 에도로 돌아가면 미쓰나리는 군사를 일으킬 것이다. 그들이 얼마나 모일지는 알 수 없다. 모험이기는 하나 미쓰나리가 다이묘들을 모을 수 있도록 시간을 주자. 그런 다음에 깨끗이 정리해야만 일본에 평화가 온다. 가게카쓰와는 싸울 필요조차 없다 그는 우선 나와 전면전을 할 능력이 없기 때문이다. 그를 달래어 내가 미쓰나리와 싸울 때 뒤를 치지 못하게만 하면 된다.'

이에야스가 에도로 돌아가자 이시다 미쓰나리는 이에야스의 예상대로 히데요시를 남다르게 따르던 다이묘들에게 격문을 돌려 거병을 부추겼다. 그러자 모리 데루모토를 총대장으로 10여 명의 다이묘들이 단박에 모였다. 이들을 서군이라고 불렀다.

서군은 이에야스가 떠나고 지키는 군사가 얼마 없는 후시미 성을 포위했다. 후시미 성을 수비하던 성주 대리는 도리이 모도타다였다. 그는 이에야스의 측근 중 혼다 사쿠자에몬과 비길 만한 맹장에다 고집이 여간 아닌 사무라이였다.

그는 이에야스가 슨푸에서 인질 생활을 할 때 모시던 두 명의 어린 사무라이 중 한 명이었다. 또 히데요시가 아들을 동생의 데릴사위로 달라고 하자 이에야스 가문을 제외한 가문을 모두 적으로 아는 몹쓸 병에 걸렸다면서 거부한 당찬 무사였다. 한마디로 이에야스가 아끼는 최측근 중 한 명이었다.

　교토를 떠나기 전날 밤 이에야스는 모도타다와 단둘이 술자리를 가졌다. 서로 말은 안 했지만 그것은 이승에서의 마지막 이별주였던 것이다. 이에야스도 자신이 에도로 돌아가면 그 즉시 후시미 성이 적에게 함락당할 것을 알고 있었다.

「어쩌면 이것이 마지막…….」

이에야스가 그렇게 말하자 모도타다가 말을 막았다.

「주군, 이곳 걱정은 마시고 잘 다녀오십시오. 여기는 도리이 모도타다가 있습니다. 제가 있는 한 죽은 히데요시가 살아온다고 해도 어쩌지 못할 것입니다.」

「모도타다, 나는…….」

「글쎄 주군, 아무 걱정 마시라는데요.」

　모도타다는 주군 이에야스가 가면 다시는 돌아오지 않는다는 것을 알고 있었던 것이다. 그는 자신이 해야 할 일이 무엇인지 알았다. 그것은 장렬하게 싸우다 죽는 것이었다.

　이에야스 역시 도리이 모도타다가 왜 자신의 말을 막는지 모를 리 없었다. 그리하여 두 사람은 더 이상 말을 않고 눈물만 흘리면서 새벽까지 술을 마셨다.

　도리이 모도타다는 서군에 포위되어 10여 일을 버티다가 장렬하게 할복했다. 서군은 모도타다의 고집과 이에야스를 향한 충성심을 알기 때문에 성을 버리고 에도로 돌아가라고 회유했지만 모도타다는 꿈쩍도 않고 버티다가 더 이상 희망이 보이지 않자 성을 넘겨줄 수 없다며 할복했던 것이다.

모도타다는 배를 가르면서도 손톱만 한 원망도 하지 않았으며 구원을 요청하여 이에야스의 마음을 흐리게 하지도 않았다. 몇 번이나 되풀이하지만 좋은 가신을 둔 지도자는 성공한다. 이에야스가 대망을 이룬 것은 모도타다와 같은 가신이 있었기 때문이다.

에도에서 모도타다의 소식을 들은 이에야스는 남모르게 울었다. 그러면서 이렇게 중얼거렸다.

「모도타다, 혼자 죽게 하여 미안하다. 그대를 죽였으니 저들과 전쟁을 해도 나를 원망하지는 못하리. 모도타다, 훗날에 대해서는 안심하라. 그대의 집안은 도쿠가와 가문이 대대로 돌봐 줄 것이다.」

서군은 후시미 성을 함락하고 그 여세를 몰아 성난 파도와 같은 힘으로 에도를 향해 진격했다. 동으로 향하면서 이에야스를 척결해야 한다는 데 동의한 다이묘들과 군사들이 속속 모여들었다.

일본 전국의 다이묘들은 이제 서군이냐 동군이냐를 선택해야 했다. 물론 중립을 끝까지 지킨 다이묘들도 있기는 했다. 그러나 그들은 이에야스의 천하가 되고 나서 서군 쪽에 섰던 다이묘들처럼 벌을 받아 할복하거나 멀리 유배되지는 않았지만, 출세를 하지도 못하고 기신기신 가문을 지키다가 사라져 가야 했다.

이에야스가 아이즈의 가게카쓰를 달래 눌러 놓고 서쪽을 향해 돌아선 것은 1600년 9월 14일이었다. 서군은 미쓰나리를 중심으로 8만 4천여 명, 동군은 이에야스를 중심으로 7만 5천여 명이었다.

도쿠가와 바쿠후 260년이 열리다

적이 완전한 성장을 하기 전에, 준비가 덜 되었을 때 짓밟는 것이 싸움하는 자의 기본 전략이다. 이 외에도 탁월한 전략을 보여주었던 도쿠가와 이에야스의 세키가하라 전투는 후대의 많은 일본 학자들로 하여금 수많은 밤을 밝히며 연구하게 만들었다.

그리하여 근년에 들어 그 전투 전략은 싸움에서가 아니라 인생을 사는 데, 혹은 회사를 키우는 데, 또 정치를 하는 데 많이 이용되고 있다. 적이 안개 속에 파묻혀 있어 누구인지 분간할 수 없을 때 이에야스의 세키가하라 전투 전략은 그야말로 기막힌 나침반이 된다. 이에야스는 적이 모인 것을 뻔히 알면서도 치지 않고 그 세력이 커지기를 기다렸다. 그러다가 그 세력이 더이상 커질 수 없는 상황이 되었을 때 들부수었다.

노부나가였다면 적의 움직임이 감지되었을 때 당장 짓밟아 버렸을 것이다. 그리고 히데요시였다면 측근을 투입해 적을 교란시켜 안에서 무너지게 했을 것이다. 하지만 이에야스는 미련할 정도로 참고 기다렸다. 그리하여 이런 말이 생긴 것이리라.

'노부나가는 울지 않는 새는 죽여 버리고, 히데요시는 새를 울게 만들며, 이에야스는 새가 제풀에 울 때까지 기다린다.'

참으로 그럴 듯한 비유다. 이에야스는 정말이지 참는 데 일가견이 있었다.

다이묘들은 그를 너구리 영감이라고 불렀다. 그와 담판을 지으려고 잔뜩 계획을 짰다가도 막상 그와 대면하면 손을 들어 버리는 일이 비일비재했다. 참는 데도 한계가 있었기 때문이다. 그러나 이에야스의 인내에는 한계가 없었다. 아니, 있었을지도 모르지만 다른 사람들의 눈에는 그렇게 보였다.

서군은 9월 14일 에도 쪽으로 나와 세키가하라로 이동했다. 서군은 동군을 좁은 세키가하라 분지로 유인, 포위하여 섬멸하려는 작전을 폈던 것이다. 이러한 작전에 따라 서군은 반월형으로 포진 망을 구축하고 있었다.

이에야스는 측근들도 이상하게 여길 만큼 에도에서 뜸을 들였다. 그러자 성격 급한 다이묘들은 분통을 터뜨렸다.

「내대신은 무얼 하는가? 서군은 이미 세키가하라로 나와 진을 쳤는데 이대로 앉아서 당하자는 것인가?」

그래도 이에야스는 갖은 핑계를 대며 움직이지 않았다. 뿐만 아니라, 그는 동군에게 유리한 정보는 쏙 빼고 불리한 정보만 모두에게 알렸다. 이를테면 서군 쪽에 어떤 유력 다이묘가 합세한다는 식으로 말이다. 그러자 동군에 합류했던 다이묘 몇 명이 이탈했다. 측근들은 다이묘들의 이탈을 막기 위해 정보를 제공하지 말 것을 제의했지만 이에야스는 듣지 않았다.

이에야스는 어차피 아군의 불리한 정보를 듣고 이탈할 다이묘라면 싸움에 큰 도움이 되지 않는다고 판단했다. 이에야스가 계속 뜸을 들이고 출정하지 않자 동군의 다이묘들은 계속 볶아 댔다. 그러자 이에야스는 이렇게 말했다.

「그렇게 적을 부수고 싶다면서 왜 꼼짝 않고 내가 움직이기만을 기다리는가? 그리고 나는 감기에 걸렸다.」

그 말을 전해 들은 다이묘들은 고개를 갸웃거리며 생각에 빠졌다. 이튿날 이에야스의 말이 무슨 뜻인지 이해한 몇몇 다이묘들이 적진을 향해 돌격했다. 먼저 공을 세우려는 그 치열한 공격에 서군은 이렇다 할 저항도 못해 보고 무너졌다. 그러자 동군의 사기는 하늘을 찔렀다.

「그렇다. 싸움은 우리가 한다. 내대신을 기다릴 필요가 없다. 적을 치자!」

사기가 오른 동군이 세키가하라로 쳐들어가자 그제야 이에야스는 전장으로 향했다. 그는 역시 늙은 너구리였다. 천하를 놓고 서군과 싸우면서 자신의 직할 부대는 전투에 나서지도 않았던 것이다. 게다

216

가 이에야스는 에도를 떠나면서 히데타다(제2대 쇼군)에게 에도의
주력 부대를 거느리고 험한 산길과 물길을 돌아 천천히 나오게 했다.

그렇게 하면 자신의 직할 부대가 전투에 진다고 해도 관동의 주력
부대는 고스란히 남게 되는 것이었다. 이처럼 이기적인 싸움을 하면
서도 그는 미안해하지 않았다. 결국 동군의 다이묘들은 그런 것도
모른 채 목숨을 걸고 싸움에 나섰던 것이다.

이에야스가 얼마나 구두쇠이며 돈을 밝히는 인간이었는가를 말해
주는 일화는 많다. 그 중에서 세키가하라 전투 때 있었던 일을 하나
소개한다.

이에야스는 오래전부터 오사카 측의 도요토미 가문과 언제고 큰
싸움으로 자웅을 겨뤄야 한다고 판단했다. 그렇지 않으면 히데요시
의 아들이라고 하지만 어린애의 가신으로 살아가야 했기 때문이다.
그러나 그럴 수는 없었다. 히데요시도 노부나가가 죽자 그 아들들을
한 명 한 명 제거하며 천하를 거머쥐지 않았던가.

그리하여 이에야스는 사카이 등지에서 화약과 납을 계속 사들였
다. 당시 총알은 납을 녹여서 만들었고 화약은 그 총알을 날리는 데
없어서는 안 되는 것이었다. 그렇게 이에야스가 납과 화약을 사들이
자 곧 납과 화약의 가격이 천정부지로 올라 얼마 후 사려고 해도 살
수 없는 사태가 오고 말았다. 그런 와중에 동군과 서군이 나뉘었고
다이묘들은 어느 편에든 서야 했던 것이다.

다이묘들은 무기나 식량을 구해 전투에 참가하는 것이 관례였다.

그런데 식량은 그런대로 구할 수 있었으나 꼭 필요한 화약과 납은 구할 수가 없었다. 그래서 백방으로 알아보니 장사꾼들은 모두 이에야스에게 팔았다고 했다. 그 소리를 듣고 동군에 속한 다이묘들이 이에야스에게 달려가 화약과 납을 나누어 달라고 청했다.

「그게…….」

이에야스는 좋다는 말도 싫다는 말도 않고 뜸을 들였다. 답답해진 다이묘들이 말했다.

「물론 사셨던 가격은 쳐드리겠습니다. 무기가 있어야 싸울 게 아닙니까.」

그러자 이에야스는 이번에도 뜸을 들이고 대답을 않는 것이었다.

「그게…… 좀…….」

하는 수 없이 다이묘들은 가격을 올렸다.

「그렇다면 사신 가격의 두 배를 드리겠습니다. 그러니 좀 나누어 주십시오.」

그제야 이에야스가 비시시 웃으며 대답했다.

「그렇다면 할 수 없지요. 무기가 있어야 싸울 수 있으니.」

그렇게 이에야스는 화약과 납을 매점매석하여 싸우기도 전에 두 배의 이익을 올렸다. 그것도 자신을 돕겠다고 모인 다이묘들에게 그랬으니 평이 좋을 리 없었다. 다이묘들은 이에야스의 너무도 계산적인 태도에 혀를 내둘렀다. 하지만 누가 뭐라 해도 일본 제일의 실력자이니 무시할 수도 따질 수도 없었다.

오늘날 재벌의 전횡도 알고 보면 이에야스의 그 전횡을 닮았다. 재벌가의 혼사 역시 전국 시대 다이묘들의 혼사를 어쩌면 그리도 닮았는지…….

이에야스는 세키가하라로 들어가기 전에 서군에 가담한 유력 다이묘들에게 정치적인 거래를 하고 서군을 돕지 않는다는 약속을 받아 냈다. 그러므로 진형(陣形)만 보면 서군의 승리가 확실해 보였지만 사실은 동군의 승리가 이미 예정되어 있었던 것이다.

9월 15일 아침, 동군의 공격으로 동서군이 격돌했다. 이미 전투는 현대전으로 바뀌어 있었다. 노부나가와 이에야스의 동맹군이 다케다 신겐의 기마대를 총으로 꺾은 후 다이묘들은 싫어도 과학의 힘을 인정하지 않을 수 없었다. 그리하여 어느 부대나 주력은 조총 부대였고 부유한 다이묘들은 대포도 상당히 보유하고 있었다.

전투는 한나절도 되지 않아 동군이 유리해졌다. 이에야스와 밀약을 했던 다이묘들은 물론 눈치 빠른 몇몇 다이묘들이 재빨리 동군 쪽으로 돌아섰기 때문이었다. 동군이 이기는 전세로 돌아가자 작전 지역을 이탈하는 서군이 늘어났다. 일본을 걸고 맞붙은 세키가하라 전투는 해가 지기도 전에 이에야스의 승리로 막을 내렸다.

겨우 살아남은 이시다 미쓰나리는 도망쳤다. 그러나 얼마 후 도망자 수색에서 체포되어 교토의 로쿠조 강변에서 참수되었다.

이에야스는 마침내 전국 다이묘들의 인사권을 움켜쥐었다. 이에야스는 서군에 가담했던 다이묘들의 영지를 가차 없이 몰수하고 할복이나 유배 등으로 그들을 제거했다. 그러나 동군에 가담했던 다이묘들에게는 영지를 늘려 주고 벼슬을 올려 주었다. 이른바 천하는 이에야스의 것이었다. 히데요시의 아들 히데요리도 셋쓰, 가와치, 이즈미의 일개 다이묘로 강등시켰다.

세이이다이쇼군이 되기 전까지 명목상으로 이에야스는 도요토미 가문의 가신이었다. 그러나 실질적으로 도요토미 가문은 도쿠가와 가문의 가신이었다.

대망형 인간 3호, 도쿠가와 이에야스

이에야스에 대한 일본인들의 숭앙에는 묘한 데가 있다. 경영인들과 재력가들은 이에야스 같은 경영을 하려고 열심히 이에야스를 햇볕에 꺼내어 배우기에 여념이 없다. 그러나 평범한 사람들은 지나치게 정치적인 이에야스의 성격을 싫어하고 단순한 성격의 노부나가와 히데요시를 좋아한다.

그렇더라도 이에야스가 일본 전국 시대의 막을 내리게 하고 260년 바쿠후를 열어 평화를 정착시킨 점은 높이 산다. 이에야스 하면 먼저 떠오르는 것이 인내다. 이마가와 요시모토의 인질이 되었을 때부터 인내하는 것이 그의 몸에 배었다고 하는데, 그것보다는 아마도 느긋한 성격을 타고난 듯하다.

노부나가의 상징인 카리스마도, 히데요시처럼 사람을 다루는 특별한 재주도 없었지만, 이에야스에게는 좋은 가신들이 있었다. 그 가신들은 이에야스의 아버지가 스물네 살에 측근 무사에게 살해된 후 어린 이에야스를 인질로 주고 주군도 없이 이마가와 가문의 핍박을 받으며 가난하게 살아왔다. 비록 나라를 잃고 떠돌지는 않았지만 속국(屬國) 가신들이 겪는 가난은 혹독했다.

무사들은 농사를 짓지 않는 것이 관례였지만 이에야스의 가신들은 퇴근하면 논으로 나가 노동을 해야 입에 풀칠을 할 수 있었다. 그것은 이마가와 가에 바치는 세금이 많았기 때문이었다. 그리하여 이에야스의 가신들은 누구나 꿰맨 옷을 입고 등청해야 했다. 등청하는 무사들이 그랬으니 그 가솔들의 생활은 이루 말할 수 없을 정도로 참담했다. 그들의 바람은 오직 주군 이에야스가 돌아와 이마가와 가문으로부터 독립하는 것이었다.

그들은 지독한 가난을 감수하면서도 비자금을 모아 이에야스가 19세의 나이로 돌아왔을 때 그것을 내놓았다. 이에야스는 숨겨진 비자금을 보는 순간 가신들의 절실한 마음을 느꼈다. 그 돈으로 5백 정의 소총을 장만했다고 하니 상당한 금액이었다. 가신들은 이마가와 가문 관리들의 눈을 피해 훗날을 위한 비자금을 장만한 것이었다. 이에야스에게 이 비자금이 시금석이 된 것은 말할 나위도 없다. 이렇듯 비자금은 전국 시대에도 있었고 그 힘 또한 막강했다.

이에야스는 돈의 위력을 어렸을 때부터 알았으므로 훗날 천하를 얻고 나서도 돈을 쓰기보다는 모으는 데 열중했다. 은퇴하고 쇼군을 조정하면서 말년을 보낸 슨푸 성이 황금의 무게 때문에 두 번이나 무너졌다고 하니, 그의 돈 모으는 기질을 알 만하다. 하기야 도쿠가와 바쿠후 260년은 쇼군 가의 재력으로 다스려졌다고 해도 과언이 아니었다.

전국 시대가 막을 내린 후 무사들은 직장을 잃고 약간의 돈에도 솜씨를 팔며 살아가야 했다. 그래도 솜씨를 팔아 살아가는 무사들은 운이 좋은 편이었다. 숱한 낭인이 생겨났고 이들은 이름 없는 들도적이 되어 구차하게 살다가 죽어 갔다. 전국 시대에는 그래도 당당히 마표를 달고 출전하던 무사들이었다.

그러므로 무사들 입장에서 보면 이에야스는 고마운 지도자가 아니었다. 하지만 무사 계급보다 더 많은 수의 백성들이 평화를 염원하고 있었기에 이에야스의 방법이 통했던 것이리라.

이에야스는 천하를 잡은 뒤 측근들에게 결코 재물과 권력을 동시에 주지 않았다. 그것은 돈을 많이 버는 자는 권력이 부족해도 만족하며, 또한 강력한 권력의 맛에 도취한 자는 돈이 손에 들어오지 않더라도 만족한다고 판단했기 때문이었다. 그 결과 누구도 도쿠가와 가를 넘보는 다이묘로 클 수 없었다. 약간의 권력이라도 있는 다이묘는 늘 돈이 부족하여 빌리기 일쑤였다. 하여 반란은 꿈 꿀 수가 없었던 것이다.

이에야스의 또 하나의 절묘한 인간 경영 방법은 원교근공(遠交近攻)이었다. 멀리 떨어져 있는 측근에게는 가깝다는 손짓을 계속 보내고, 가까이 있는 측근에게는 적당히 선을 긋는 것이 바로 그것이다. 그리고 가까이 있는 측근의 의견이나 조언을 외부 인물의 의견이나 조언과 항상 비교 검토했다.

이에야스는 자신이 인색하다는 소문이 돌았을 때 이렇게 말했다.

「나는 인색하지 않다. 다만 검소하게 생활할 뿐이다.」

히데요시가 조선을 침략했을 때, 이에야스는 한 명의 병사도 출정시키지 않았다.

「각하께서 배려해 주신 간토 지방을 제대로 다스리려면 한 사람의 손이 열이라도 부족합니다. 그러므로 죄송하지만 병사를 차출할 수가 없습니다.」

오래 다스리던 땅을 빼앗고 불모지로 이에야스를 몰아넣은 히데요시는 할 말이 없었다. 지혜라면 누구보다 앞섰던 히데요시도 번번히 이에야스에게는 당했다. 뚱뚱하여 미련하게 생긴 것과 달리 이에야스의 순발력은 엄청났던 것이다.

눈물 젖은 빵을 먹어 보지 않은 사람과는 인생을 논하지 말라는 말이 있다. 일본에도 이와 같은 말이 있는데, 이는 이에야스나 히데요시 등을 두고 하는 말인 것 같다.

이에야스는 세 살 때 어머니와 떨어져 다섯 살에 인질로 갔으며, 히데요시는 열다섯 살부터 바늘 장사를 하며 입에 풀칠을 했다. 그런 간난신고(艱難辛苦)를 극복하고 히데요시는 일본의 통일을, 이에야스는 적어도 260년 동안 전쟁이 없는 정치를 정착시켰다.

이에야스가 평생 지킨 것은 바로 신뢰였다. 그는 오다 노부나가에게

신뢰를 지켜 살아남았음은 물론, 가신들을 아낌없이 신뢰함으로써 일생 동안 3백 회가 넘는 전투에 참가해 살아남았고 바쿠후 시대를 열 수 있었다.

노부나가도 히데요시도 정작 오르고 싶었던 것은 이름뿐인 관직이 아니라 세이이타이쇼군(征夷大將軍)이었다. 그러나 천황과 쇼군은 혈통에 의해서만 오를 수 있다는 법 때문에 그럴 수 없었다. 그런데 이에야스는 세이와겐지의 닛타 가문 자손이라는 배경을 교묘하게 만들어 쇼군에 올랐다. 히데요시는 쇼군에 오르고 싶어 요시아키의 양자가 되려고도 했다. 그러나 요시아키로부터 거절당하고 그 대신 조정에서 도요토미 성을 하사받아 공가(公家)로서 간파쿠며 다이코 자리에 올랐던 것이다.

겐지의 갈래인 닛타 가문의 자손이라며 쇼군에 오른 이에야스의 계보에는 의문점이 많다. 도쿠가와의 옛 성인 마쓰다이라라는 실제로 미카와 산간 지역에 있던 마쓰다이라 가의 호족 출신이라는 것이다. 하지만 에도 시대에 감히 누가 도쿠가와 쇼군 가의 계보에 트집을 잡을 수 있었겠는가.

이에야스가 쇼군에 올랐을 때 나이 62세였다. 2년 뒤 공식적으로 은퇴했지만 스스로 오고쇼(大御所)라고 명명하며 스물일곱 살의 쇼군 히데타다를 이끌었다. 그가 정치에 관여하면서도 아들에게 양위를 한 것은 히데요시의 아들 히데요리와 그의 어머니 요도기미에게 확실하게 도쿠가와 가의 세습을 인식시키기 위해서였다. 얼마 후 히데요리도 결국 이에야스와의 한판 싸움에서 비참하게 죽었다. 이에야스는 오사카 성의 해자를 모두 메워 방어를 할 수 없게 만들어 버렸다.

1616년 4월 17일 이에야스는 향년 75세로 눈을 감았다. 노부나가는 49세, 히데요시는 62세에 세상을 떠난 것에 비하면 이에야스는 수(壽)까지 누리는 행운을 얻었다. 그것은 무슨 일을 하든 언제나 조심성이 많았기에 위험을 피했고 취미로 즐기던 매 사냥을 통해 체력을 단련한 덕이었다.

권력은 죽어서도 다툰다

전국 시대 무사들은 자신보다 나은 사람을 경외하고 숭상하는 데 인색하지 않았다. **사무라이들은 한 주인을 만나면 목숨을 걸고 섬기며 자신보다 나은 실력자가 나타나면 그 밑에 서기를 마다하지 않았다. 이는 자신보다 나은 사람을 쓰게 하는 것이 자신이 속한 조직에 도움이 된다는 굳은 믿음 때문이다.**

자신보다 나은 사람에게 승복하는 것은 부끄러운 일이 아니다. 자신의 단점을 감추면서 강자와 대결하는 것은 비참한 끝장을 예고할 뿐이다.

영웅은 정성 들여 시대가 키질을 하고 사금을 골라내듯 오랜 시간 경쟁에 의해 탄생되지만, 감히 예견하건대 앞으로 영웅은 한 사람의 개인이 아니라 단체나 기업이 될 확률이 높다. 영웅이란 시대의 결과물을 독점한 사람을 의미한다. 그런데 오늘날은 정서적으로 개개인의 공을 하나로 묶어 특정인 한 사람이 독차지할 만한 여유가 없을 뿐만 아니라, 개인들 역시 영악하여 위험 부담을 감수하면서까지 그렇게 하려고 하지 않는다.

이 책에 나오는 대망형 인간, 즉 일본의 영웅들도 쉽게 태어난 것은 아니다. 그들이 태어나는 데 120년이라는 길고 긴 세월이 걸쳐 있다. 게다가 그들의 다툼은 죽어서도 계속되었다. 노부나가야 일찍 죽어 다툼에서 비켜 갔지만 히데요시와 이에야스는 살아서는 물론 죽어서도 계속 싸웠다.

히데요시는 죽어 교토의 아미타 봉우리에 묻히면서 도요쿠니 대명신(豊國大明神)이라는 호칭이 부여되어 당시 사람들로부터 신으로 떠받들어졌다. 그러나 에도 시대 도쿠가와 바쿠후의 권력이 확립되자 히데요시의 묘는 누군지 모르는 사람들의 손에 의해 도굴되고 훼손되었다. 도쿠가와 바쿠후가 훼손을 획책한 것은 아니지만 은밀히 조장한 혐의는 사료 곳곳에 보인다. 그렇지 않고 어찌 그 살벌한 바쿠후 치하에서 그런 일이 일어났겠는가.

히데요시의 묘에 도적들과 부랑인들이 둥지를 트는가 싶더니 끝내는 묘의 흔적조차 없어지고 말았다. 또 도요쿠니 대명신이라는 호칭도 슬며시 취소되어 히데요시는 더 이상 신이 아니었다.

그 대신 이에야스는 죽은 후 도쇼다이곤겐(東照大權現)이라는 이름의 신이 되었다. 이에야스의 묘소는 닛코에 만들어졌으며 전당은 장대하고 호화로웠다.

하지만 권력이란 참으로 묘한 것이다. 신에서 끌어내려진 히데요시는 3백 년 후 메이지 유신이 일어나자 다시 신으로 추앙되었다. 묘하게도 메이지 유신을 연 것은 세키가하라에서 이에야스의 동군에 패한 서군의 시마즈와 모리 가문 등이었다. 이들은 도쿠가와 바쿠후 아래서 멸문에 가까울 정도로 패망했던 가문이었다.

도쿠가와 바쿠후를 무너뜨리고 탄생한 메이지 유신 정부는 당장 히데요시를 도요쿠니 대명신으로 부활시켰다. 또 묘소도 아미타 봉기슭에 재건해 신사로 만들었다. 그것이 유신의 명분이었다. 이 명분은 히데요시가 노부나가의 원수를 갚는다며 써 먹은 것이었고, 3백 년 후 세습되었던 것이다. 그러나 시대가 달라져 이에야스의 묘를 훼손하는 비열한 짓은 일어나지 않았다. 개인이 권력을 쥔 것이 아니라 국가라는 새로운 권력자가 나타난 덕이었다.

도쿠가와 바쿠후는 2세기가 넘는 치세 기간 동안 이시다 미쓰나리를 간신의 우두머리로 만들었다. 한 사람을 2백수십 년에 걸쳐 미워하고 끈질기게 악신의 제단에 올려놓은 예는 일본에서 드문 일이었다. 당대에서는 역모자도 다음 대에서 충신으로 변하고, 적어도 그 행동이 합리화되어 간신이라는 꼬리표만은 떼게 되었는데 유독 미쓰나리만은 그렇지 않았다.

그것은 설명할 것도 없이 도요토미 가문의 권력을 빼앗은 도쿠가와 가문의 입장을 정당화하려 했던 것이다. 바쿠후의 어용 학자들은 물론이고 지식인들도 바쿠후가 두려워 바쿠후에 반하는 논리를 만들지 못했다. 그럼에도 서군에 섰던 몇몇 무장은 도쿠가와 바쿠후 시대 동안 오히려 용감하고 희생적이었다는 평가를 받았다. 그들은 오타니 요시쓰구, 시마 사콘, 나오에 가네쓰구였다. 이 세 사나이는 쾌남아의 전형으로 에도 시대 무사들의 사랑을 받았고 그들의 일화는 이런저런 글에 단골로 등장했다. 하지만 곰곰 생각해 보면 이들 세 사람은 바로 이시다 미쓰나리의 덕을 본 셈이었다. 바쿠후의 막강한 견제로 미쓰나리를 추어올릴 수 없게 되자 학자와 작가들은 이들 세 사람을 한껏 올려세워 그나마 자위를 한 셈이었던 것이다.

사족으로, 임진왜란 때 우리나라를 침범해 많은 살상과 패악을 저지른 적장 중 한 명인 가토 기요마사는 히데요시의 시동 출신이며 히데요시와 외육촌간이었으나 훗날 세키가하라 전투 때에는 이에야스의 동군에 섰다. 그것은 바로 히데요시의 정실 네네 때문이었다. 그뿐 아니라 꽤 여러 명의 다이묘들이 네네의 부탁으로 이에야스의 편에 섰는데, 모두 말년의 히데요시에게 아들을 낳아 주고 정치에 깊숙이 관여한 요도기미가 미워서였다.

그러니 대망을 이룬 후에도 여자 관계는 실로 조심해야 하는 모양이다. 또 가토는 말년에 매독으로 많은 고생을 했는데 백약이 무효였다고 한다. 서군의 오타니 요시쓰구는 나병으로 눈까지 잃었지만 죽을 때까지 의리를 지키며 얼굴을 온통 붕대로 감고 보이지 않는 전투를 시동으로부터 일일이 들어 가며 전투 지휘를 하여 후대 무사들의 박수를 받았다. 이런 점이 슬며시 부러운 일본 무사도 정신이다.

부족한 내 글을 읽은 이들에게 부탁이 있다면 인생이란 허무하다 혹은 불공평 하다는 따위의 말로 소중한 자신의 내일을 포기하지 말라는 것이다. 대망이 부담스럽다고 괜한 철학자 흉내를 낼 것이 아니라, 나름의 꿈을 자신에게 맞는 크기의 대망이라는 보자기에 싸보길 바란다. 그리하여 자신의 모든 능력을 발휘해 보라는 것이다. 그것이 먼 훗날 인생의 후회를 덜 남기는 일일 터이므로.

대망형 인간

초판 1쇄 인쇄일 • 2006년 12월 21일
초판 1쇄 발행일 • 2006년 12월 26일
지은이 • 최용운
펴낸이 • 임성규
펴낸곳 • 문이당

등록 • 1988. 11. 5. 제 1-832호
주소 • 서울시 성북구 동소문동 4가 111번지
전화 • 928-8741~3(영) 927-4990~2(편)
팩스 • 925-5406
ⓒ 최용운, 2006

홈페이지 http://www.munidang.com
전자우편 webmaster@munidang.com

ISBN 89-7456-353-3 03300

값은 뒤표지에 표시되어 있습니다.

잘못된 책은 바꾸어 드립니다.
저자와의 협의로 인지는 생략합니다.
이 책의 판권은 지은이와 문이당에 있습니다.
양측의 서면 동의 없는 무단 전재 및 복제를 금합니다.